MOLIÈRE

LES

FOURBERIES

DE SCAPIN

PARIS

Librairie E. Flammarion

M DCCC XCV

LES FOURBERIES

DE SCAPIN

TIRAGE A PETIT NOMBRE

Il a été tiré en outre :

20 exemplaires sur papier du Japon, avec triple
épreuve de la gravure (n°s 1 à 20).
25 exemplaires sur papier de Chine fort, avec double
épreuve de la gravure (n°s 21 à 45).
25 exemplaires sur papier Whatman, avec double
épreuve de la gravure (n°s 46 à 70).

70 exemplaires, numérotés.

LES FOURBERIES DE SCAPIN
(Acte III. Scène II)

MOLIÈRE

LES

FOURBERIES
DE SCAPIN

COMÉDIE EN TROIS ACTES

AVEC UNE NOTICE ET DES NOTES

PAR

GEORGES MONVAL

Dessin de L. Leloir

GRAVÉ A L'EAU-FORTE PAR CHAMPOLLION

PARIS

LIBRAIRIE DES BIBLIOPHILES

E. FLAMMARION SUCCESSEUR

Rue Racine, 26, près de l'Odéon

M DCCC XCV

NOTICE

LES FOURBERIES DE SCAPIN

OLIÈRE *avait assez travaillé pour la Cour. Il voulut aussi divertir le peuple, dont Boileau lui reproche d'avoir été « trop ami ».*

Entre les représentations de PSYCHÉ *à la salle des Tuileries, et la première de la même pièce sur le théâtre du Palais-Royal, Molière donne au public les* FOURBERIES DE SCAPIN, *le dimanche 24 mai 1671 : après la tragédie mythologique à grand spectacle, une simple farce de génie, ébauchée aux heures de jeunesse où, selon sa propre expression, il « épluchait » encore Plaute et Térence.*

Scapin.   a

C'est la première fois que nous rencontrons ce nom de Scapin dans l'œuvre de Molière, et cependant le personnage nous est connu. En effet, Scapin n'est qu'une nouvelle incarnation de Mascarille ; ou plutôt Scapin, c'est Mascarille vieilli ; et le cadre des FOURBERIES *ne diffère pas essentiellement de celui de* l'ÉTOURDI *ou les* CONTRE-TEMPS. *Plein air, pleine lumière, plein soleil ; ciel de Naples ou de Sicile, c'est toujours dans tes flots bleus, ô Méditerranée, que se réflète son immuable azur ; en un clair décor de treilles joyeuses et de berceaux fleuris s'agite et se démène un essaim de valets bariolés comme des tulipes, d'amoureux écervelés et frin- gants, de belles esclaves prétendues arméniennes ou gypsies, de faux spadassins et de barbons bernés ou battus : fantastique théâtre de déguisements et de friponneries, avec accompagnement de bara- gouin flamand, suisse ou gascon ; et, au travers de tout cela, passe comme un souffle de l'antique atellane.*

Mascarille en est encore à ses coups d'essai ; simple candidat aux galères, il n'a pas encore eu de démêlés avec la justice, qui en a fort mal usé, paraît- il, avec Scapin, tout-à-fait brouillé avec elle. Sca- pin, vieux routier, plein d'expérience et de philoso- phie, a tous les tours dans son sac et tous les arguments dans son éloquence : vétéran de l'intrigue, il est seul digne du titre de fourbum imperator.

Mascarille n'est qu'un empereur en herbe : l'aigle est encore dans l'œuf.

Tous deux sont de la lignée des Daves et des Geta. Mais Mascarille est une création de Molière : son nom ne se trouve nulle part avant l'Étourdi, qui vit le jour en 1653; Scapin est, au contraire, un des masques de la comédie italienne, un emploi, tenu, de 1624 à 1638, par Francesco Gabrielli, detto Scappino, dans la troupe des Fedeli (les Fidèles), dirigée par G.-B. Andreini (Lelio) et Nicolo Barbieri, dit Beltrame [1].

L'Inavvertito, comédie de ce dernier, imprimée à Venise en 1629, avait pour sous-titre Scappino disturbato e Mezzetino travagliato, et il est probable que le petit Poquelin, quand il allait étudier Scaramouche, n'était pas indifférent aux tours subtils et aux lazzi du Scappino de la troupe ausonienne, dont il fit d'abord le Mascarille de l'Étourdi.

Ce n'est pourtant pas directement au théâtre italien qu'il emprunte le sujet et le plan de ses Four-beries. Il remonte plus haut, jusqu'au Grec Apollodore, par Térence, auquel il ne craint pas d'allier Tabarin (Despréaux le lui a durement reproché !) Le correct et froid Phormio, que Cailhava et Geoffroy

---

1. Voir les comédies de Ruzzante (1544), qui a fixé sur le théâtre le caractère ainsi que le langage du Scapin, lombard comme Beltrame.

osaient préférer aux FOURBERIES, ne lui aurait pas
fourni le proverbial « Que diable allait-il faire dans
cette galère ? », qu'il n'a rencontré ni dans les farces
tabariniques, ni dans le canevas de Flaminio Scala,
IL CAPITANO, mais repris dans LE PÉDANT JOUÉ, de
son condisciple Cyrano Bergerac, composé vers 1645
et imprimé pour la première fois en 1654, quelques
mois avant la mort de l'auteur :

  « Que diable aussi aller faire dans la galère d'un
Turc? — dit par deux fois le pédant Granger à
Corbinelli, à la scène IV de l'acte II. Et, plus loin :
« Ha ! que diable, que diable aller faire en cette
galère ? — Aller sans dessein dans une galère ! —
Dans la galère d'un Turc ! — Mais, misérable,
dis-moi, que diable allais-tu faire dans cette galère ? — S'en aller dans la galère d'un Turc !
Hé! quoi faire, de par tous les diables, dans cette
galère? O galère, galère, tu mets bien ma bourse
aux galères ! »

  C'est de ce remâchage sans mesure que Molière
aurait tiré sa géniale répétition : « Que diable allait-il faire dans cette galère ? », si simple et si
naturelle, à moins que Cyrano, profitant de l'éloi-
gnement de son camarade, n'ait tiré parti, pour
lui seul, d'une pièce inédite qu'ils auraient faite ensemble au temps des leçons de Gassendi, ce qui ex-
pliquerait le mot prêté par Grimarest à Molière,
parlant des FOURBERIES et du PÉDANT JOUÉ : « Il

m'est permis de reprendre mon bien où je le
trouve [1] ! »

Pour affirmer — comme on l'a fait — que Molière a pillé Cyrano, et non pas Cyrano Molière, il
faudrait connaître plus que le titre de GORGIBUS DANS
LE SAC, petite farce que Molière représentait peut-
être dès 1643, au tripot de la Perle ou au Métayer
des Fossés de Nesles, avant de l'emporter dans son
bagage de province et de la ramener au Palais-Royal,
où elle paraît au moins six fois de 1661 à 1664.

Quant au canevas de Flavio, IL CAPITANO, s'il a
fourni quelque chose aux FOURBERIES, ce serait, bien
plutôt que la scène de la galère, celle de Silvestre
déguisé en spadassin, dont l'idée se retrouve d'ailleurs dans tout le répertoire comique du temps, et no-
tamment dans deux pièces antérieures, représentées
sur le théâtre du Marais : les GALANS RIDICULES, de
Chevalier (1662), où l'on voit le baron de la To-
pinière menacer de « couper la trame et de manger
l'âme » à quiconque approchera d'Angélique qu'il
aime :

> Tuons tout, massacrons, brisons,
> Rompons, cassons, exterminons,
> Egorgeons, mettons tout par terre !

et la DUPE AMOUREUSE, de Rosimond (1670), dans

---

1. La vie de M. de Molière, p. 14.
   A l'acte III du même Pédant joué, Genevote joue auprès
de Granger le rôle de Zerbinette auprès de Géronte.

laquelle le valet *Carrille* (nous approchons de Mascarille et de Scapin) se déguise en fier-à-bras pour effrayer le vieillard Polidore, tremblant derrière Gusman comme Argante derrière Scapin. Voici quelques rodomontades de ce capitan gascon :

Cap dé dioux et morvleu! Bentre! par la sang-diavle!
Jé lé beux mettre en poudre. Arrête, miséravle!
. . . . . . N'es-tu point Polidore?
On dit qué cé maraut aime cé qué j'adore.
Né lé connais-tu point? — Non. —
Ah! si jamais cé fat sé présente à ma bue,
Il n'en faut point douter, sa perte est résolue :
Dé la peau dé son corps faisant du parchémin,
En lettres dé son sang j'écrirai son destin ;
Dé sa tête jé beux faire une tavatière,
Et, dans lé juste essai d'une bengeance entière,
Dé ses os calcinés jé ferai du tavac,
Et tout céla d'un souffle, et zest, et tic, et tac!

Et il donne deux ou trois bourrades à Polidore. Que l'ombre de Rosimond nous pardonne de préférer les bottes portées par Silvestre au père d'Octave.

Octave, voilà un nom de la Comédie Italienne ; et Léandre aussi[1], et Zerbinette, et Nérine ! Molière les pratiquait depuis L'ÉTOURDI : *Lélie, Pandolphe, Célie, Truffaldin, Valère, Marinette, Isabelle, Horace, Sbrigani, Nérine, Covielle et Polichinelle*

1. Léandro était le premier, Ottavio, le second amoureux de la troupe italienne.

descendent tous de la commedia dell' Arte. Plusieurs
traits des FOURBERIES sont d'ailleurs empruntés à la
CASSARIA, comédie de l'Arioste imprimée dès 1536,
au CANDELAIO de Bruno Nolano (1582), à IL FURBO
de Lorenzo Stellato (1638) et à la seconde des NUITS
FACÉTIEUSES de Straparole.

La pièce, prête depuis longtemps (puisque le pri-
vilège est du 31 décembre 1670), fut représentée
pour la première fois le dimanche 24 mai 1671,
précédée du SICILIEN, avec la distribution suivante :

SCAPIN	Molière.
SILVESTRE.	La Thorillière.
GÉRONTE	Du Croisy.
ARGANTE	Hubert.
LÉANDRE	La Grange.
OCTAVE.	Baron.
CARLE	Beauval ou De Brie.
ZERBINETTE . . . . Mlles	Beauval.
HYACINTHE	De Brie.
NÉRINE.	Marotte.

La Cour était en Flandres, à la suite du Roi : le
public parisien ne s'écrasa pas aux portes du Palais-
Royal. La première chambrée ne fut que de 545 liv.
10 s. ; huit jours après, le dimanche 31, la recette
monta à 756 ; ce fut la plus forte. SCAPIN, toujours
accompagné d'une petite pièce, AMOUR PEINTRE OU
AMOUR MÉDECIN, ne fut donné que 4 fois en mai,
12 en juin, 2 en juillet : Molière ne joua que 18 fois
cette création de son génie, juste autant que M. Co-

*quelin dans la seule année 1891. Hâtons-nous
d'ajouter que, si la pièce n'avait pas disparu de
l'affiche pour insuffisance de recettes, Molière eût été
probablement contraint d'abandonner le rôle principal. N'oublions pas qu'il était alors dans sa cin-
quantième année, malade, au régime du lait. Quelle
fatigue pour lui que ce personnage écrasant, toujours
en scène, surtout après avoir joué dans la même soirée
Sganarelle ou Don Pèdre; et il n'avait plus que vingt
mois à vivre !*

*L'inventaire de mars 1673 ne mentionne pas d'ha-
bit spécial pour cette pièce; Molière la jouait sans
doute avec le costume de L'ÉTOURDI. Comparez, sur
l'édition de 1682, la gravure des FOURBERIES avec
celle des FACHEUX : la Montagne et Scapin portent
le même costume, qui se rapproche beaucoup des
Sganarelles du COCU, de L'ÉCOLE DES MARIS, de
DON JUAN et du MÉDECIN MALGRÉ LUI.*

*C'était d'ailleurs, à quelques détails près, le cos-
tume traditionnel du SCAPPINO italien[1], qui ne fut
modifié que dix ans après la mort de Molière par le
nouveau Mezzetin : Angelo Constantini, de Vérone,
qui avait été appelé pour doubler le fameux Domi-
nique dans les rôles d'Arlequin, prit l'emploi vacant
de Scapin, sorte de Brighelle ou de Trivelin, du*

---

1. Voir l'estampe de le Bel (La Bella), fameux dessina-
teur italien, dont parle Riccoboni (t. II, p. 314).

groupe des ZANNI (intrigants), qui manquait depuis
longtemps à la troupe de l'Hôtel de Bourgogne ;
mais il supprima le masque et modifia le costume,
qu'il composa — d'après les dessins de Callot et
les habits de Turlupin et de Philippin — d'un béret,
d'un juste-au-corps, d'un haut-de-chausses arrêté
au genou et d'un petit manteau ou cape, le tout
d'étoffe rayée de plusieurs couleurs, tel qu'on le
représente encore aujourd'hui [1].

Après la mort de Molière, la pièce fut reprise, le
24 septembre 1677, avec le succès qu'elle méritait,
et elle est toujours restée au répertoire, comme l'une
des plus gaies et des plus populaires.

Le rôle principal fut successivement tenu par Rosimond, Raisin cadet, Brécourt, Pierre La Thorillière, Armand, Préville, Dugazon, Monrose, Sam-
son, Régnier et Coquelin.

J'ai vu Régnier dans Scapin pour la première fois
il y a trente-deux ans, et pas un de ses gestes, de ses
clins d'yeux, de ses silences, pas une de ses inflexions
n'est sorti de ma mémoire. Je le vois encore, souple,
remuant, félin, le teint bistré sous la perruque rousse,
de grands anneaux aux oreilles, la narine rusée, son
petit œil gris toujours en mouvement ; et quelle verve,

---

1. Voir l'estampe de Joullain, dans l'*Histoire du Théâtre
italien*, de Riccoboni.

quel brio dans son accent méridional ! Qu'il sem-
blait grand, lui de taille petite !

Hubert et Du Croisy jouèrent sous le masque Argante et Géronte, pour mieux marquer sans doute
leur origine latine et leur ressemblance avec Chre-
mès et Démipho. La Grange (1685), Dangeville et
Dubreuil (1734), suivirent leur exemple, et la tradition s'en transmit au moins jusqu'au milieu du
XVIIIe siècle, puisqu'en 1752 le chevalier de Mouhy
constatait que « l'usage ancien des masques s'est
encore conservé dans cette pièce[1] ».

Zerbinette, « la rieuse » — c'est ainsi qu'on dési-
gnait son rôle dans les distributions — fut composée
spécialement pour Mlle Beauval qui avait, à gorge
déployée, si bruyamment montré ses trente-deux dents
dans Nicole. Après elle, Mlles Lamotte, Dufresne,
Quinault la soubrette, Bellecour, Demerson, Bro-
han et Samary ont été les plus célèbres Zerbinettes.

Silvestre, qui exige des poumons, fut créé par La
Thorillière et d'abord tenu par des tragédiens,
Champmeslé, Ponteuil, Quinault-Dufresne ; il passa
ensuite à l'emploi comique avec Dangeville le jeune
et Dubois. Champmeslé joua Silvestre pendant vingt
ans et, comme il avait du succès dans la grande
scène du second acte[2], il n'a pas manqué de l'intro-

---

1. Tablettes dramatiques, p. 105.
2. En octobre 1700, il le joue trois fois, et chaque
jour le louage de son justaucorps rouge et du buffle coûte

duire *textuellement dans ses* FRAGMENTS DE MOLIÈRE
(1683), *entre deux scènes du* DON JUAN, *qui n'avait
pas été représenté depuis dix-huit ans : on y retrouve
Scapin sous le nom de Gusman, et le bonhomme
Argante est devenu le Juge, père de Charlotte.*

Nous avons dit que de la farce du GORGIBUS DANS
LE SAC *le titre seul avait été conservé. En* 1865, *on
crut avoir retrouvé le manuscrit à Toulouse, et
M. Paul Lacroix n'hésita pas à le déclarer auto-
graphe, et provenant* « *du souffleur de la troupe de
Molière* ». *Sa publication de* JOGUENET OU LES VIEIL-
LARDS DUPÉS (*c'est le titre du manuscrit*) *fut la source
d'une polémique assez vive entre le bibliophile Jacob
et M. Galusky, propriétaire de l'objet. Le plus
simple examen suffit à montrer que, loin d'être un
premier texte des* FOURBERIES, JOGUENET *est mani-
festement postérieur à la pièce de Molière. C'est un
« arrangement », avec interpolations maladroites,
comme on en faisait à l'usage des collèges et même
des couvents. Les* NOUVELLES ECCLÉSIASTIQUES *ne
nous apprennent-elles pas que, le 7 août 1757, une
représentation des* FOURBERIES DE SCAPIN *fut donnée
dans le grand couvent des Capucins de Lyon, que le
P. Joachim faisait le personnage principal, et que les*

---

2 livres à la troupe. Même prix pour la « casaque » du
Me Jacques de l'*Avare*. Au bout de l'année, on devait avoir
payé plus que la valeur du costume.

moines chargés des rôles de femmes furent obligés d'enfermer leurs barbes dans des bourses de taffetas rose ? Ce fut sans doute pour une solennité analogue que Scapin fut transformé en Joguenet, et il est bien facile de s'assurer que l'écriture, non plus que le style, n'est de Molière : après bien des vicissitudes, le manuscrit a été naguère recueilli définitivement, à titre de curiosité, par les Archives de la Comédie-Française.

Georges MONVAL.

LES FOURBERIES

DE SCAPIN

COMÉDIE

ACTEURS.

ARGANTE, père d'Octave et de Zerbinette.
GÉRONTE, père de Léandre et de Hyacinte.
OCTAVE, fils d'Argante et amant de Hyacinte.
LÉANDRE, fils de Géronte et amant de Zerbinette.
ZERBINETTE, crue Égyptienne et reconnue fille d'Argante,
    et amante de Léandre.
HYACINTE, fille de Géronte et amante d'Octave.
SCAPIN, valet de Léandre, et fourbe.
SILVESTRE, valet d'Octave.
NÉRINE, nourrice de Hyacinte.
CARLE, fourbe.
DEUX PORTEURS.

La scène est à Naples.

LES

FOURBERIES
DE SCAPIN

ACTE PREMIER

SCÈNE PREMIÈRE

OCTAVE, SILVESTRE.

OCTAVE.

Aᴴ ! fâcheuses nouvelles pour un cœur amoureux ! Dures extrémités où je me vois réduit ! Tu viens, Silvestre, d'apprendre au port que mon père revient ?

SILVESTRE.

Oui.

OCTAVE.

Qu'il arrive ce matin même ?

SILVESTRE.

Ce matin même.

OCTAVE.

Et qu'il revient dans la résolution de me marier ?

SILVESTRE.

Oui.

OCTAVE.

Avec une fille du seigneur Géronte ?

SILVESTRE.

Du seigneur Géronte.

OCTAVE.

Et que cette fille est mandée de Tarente ici pour cela ?

SILVESTRE.

Oui.

OCTAVE.

Et tu tiens ces nouvelles de mon oncle ?

SILVESTRE.

De votre oncle.

OCTAVE.

A qui mon père les a mandées par une lettre ?

SILVESTRE.

Par une lettre.

OCTAVE.

Et cet oncle, dis-tu, sait toutes nos affaires ?

SILVESTRE.

Toutes nos affaires.

OCTAVE.

Ah ! parle, si tu veux, et ne te fais point de la
sorte arracher les mots de la bouche.

SILVESTRE.

Qu'ai-je à parler davantage ? Vous n'oubliez
aucune circonstance, et vous dites les choses tout
justement comme elles sont.

OCTAVE.

Conseille-moi, du moins, et me dis ce que je
dois faire dans ces cruelles conjonctures.

SILVESTRE.

Ma foi, je m'y trouve autant embarrassé que
vous, et j'aurois bon besoin que l'on me conseillât
moi-même.

OCTAVE.

Je suis assassiné par ce maudit retour.

SILVESTRE.

Je ne le suis pas moins.

OCTAVE.

Lors que mon père apprendra les choses, je vais
voir fondre sur moi un orage soudain d'impé-
tueuses réprimandes.

SILVESTRE.

Les réprimandes ne sont rien, et plût au Ciel
que j'en fusse quitte à ce prix ! Mais j'ai bien la
mine, pour moi, de payer plus cher vos folies, et

je vois se former de loin un nuage de coups de
bâton qui crèvera sur mes épaules.

OCTAVE.

O Ciel ! par où sortir de l'embarras où je me
trouve ?

SILVESTRE.

C'est à quoi vous deviez songer avant que de
vous y jeter.

OCTAVE.

Ah ! tu me fais mourir par tes leçons hors de
saison.

SILVESTRE.

Vous me faites bien plus mourir par vos actions
étourdies.

OCTAVE.

Que dois-je faire ? Qu'elle résolution prendre ?
A quel remède recourir ?

SCÈNE II

SCAPIN, OCTAVE, SILVESTRE.

SCAPIN.

Qu'est-ce, Seigneur Octave ? qu'avez-vous ?
qu'y a-t-il ? quel désordre est-ce là ? Je vous vois
tout troublé.

OCTAVE.

Ah ! mon pauvre Scapin, je suis perdu, je suis désespéré, je suis le plus infortuné de tous les hommes.

SCAPIN.

Comment ?

OCTAVE.

N'as-tu rien appris de ce qui me regarde ?

SCAPIN.

Non.

OCTAVE.

Mon père arrive avec le seigneur Géronte, et ils me veulent marier.

SCAPIN.

Hé bien ! qu'y a-t-il là de si funeste ?

OCTAVE.

Hélas ! tu ne sais pas la cause de mon inquiétude.

SCAPIN.

Non ; mais il ne tiendra qu'à vous que je la sache bientôt ; et je suis homme consolatif, homme à m'intéresser aux affaires des jeunes gens.

OCTAVE.

Ah ! Scapin, si tu pouvois trouver quelque invention, forger quelque machine, pour me tirer de la peine où je suis, je croirois t'être redevable de plus que de la vie.

SCAPIN.

A vous dire la vérité, il y a peu de choses qui
me soient impossibles, quand je m'en veux mêler.
J'ai sans doute reçu du Ciel un génie assez beau
pour toutes les fabriques de ces gentillesses d'esprit, de ces galanteries ingénieuses, à qui le vul-
gaire ignorant donne le nom de fourberies ; et je
puis dire sans vanité qu'on n'a guère vu d'homme
qui fût plus habile ouvrier de ressorts et d'in-
trigues, qui ait acquis plus de gloire que moi dans
ce noble métier. Mais, ma foi ! le mérite est trop
maltraité aujourd'hui, et j'ai renoncé à toutes
choses depuis certain chagrin d'une affaire qui
m'arriva.

OCTAVE.

Comment ? Quelle affaire, Scapin ?

SCAPIN.

Une aventure où je me brouillai avec la justice.

OCTAVE.

La justice !

SCAPIN.

Oui, nous eûmes un petit démêlé ensemble.

SILVESTRE.

Toi et la justice ?

SCAPIN.

Oui. Elle en usa fort mal avec moi, et je me
dépitai de telle sorte contre l'ingratitude du siècle,

que je résolus de ne plus rien faire. Baste ! Ne laissez pas de me conter votre aventure.

OCTAVE.

Tu sais, Scapin, qu'il y a deux mois que le seigneur Géronte et mon père s'embarquèrent ensemble pour un voyage qui regarde certain commerce où leurs intérêts sont mêlés.

SCAPIN.

Je sais cela.

OCTAVE.

Et que Léandre et moi nous fûmes laissés par nos pères, moi sous la conduite de Silvestre, et Léandre sous ta direction.

SCAPIN.

Oui. Je me suis fort bien acquitté de ma charge.

OCTAVE.

Quelque temps après, Léandre fit rencontre d'une jeune Égyptienne dont il devint amoureux.

SCAPIN.

Je sais cela encore.

OCTAVE.

Comme nous sommes grands amis, il me fit aussitôt confidence de son amour, et me mena voir cette fille, que je trouvai belle à la vérité, mais non pas tant qu'il vouloit que je la trouvasse. Il ne m'entretenoit que d'elle chaque jour, m'exageroit à tous moments sa beauté et sa grâce, me louoit son esprit et me parloit avec transport des

charmes de son entretien, dont il me rapportoit
jusqu'aux moindres paroles, qu'il s'efforçoit toujours de me faire trouver les plus spirituelles du
monde. Il me querelloit quelquefois de n'être pas
assez sensible aux choses qu'il me venoit dire,
et me blâmoit sans cesse de l'indifférence où
j'étois pour les feux de l'amour.

SCAPIN.

Je ne vois pas encore où ceci veut aller.

OCTAVE.

Un jour que je l'accompagnois pour aller chez
les gens qui gardent l'objet de ses vœux, nous
entendîmes, dans une petite maison d'une rue
écartée, quelques plaintes mêlées de beaucoup de
sanglots. Nous demandons ce que c'est. Une
femme nous dit en soupirant que nous pouvions
voir là quelque chose de pitoyable en des personnes étrangères, et qu'à moins que d'être insen-
sibles nous en serions touchés.

SCAPIN.

Où est-ce que cela nous mène ?

OCTAVE.

La curiosité me fit presser Léandre de voir ce
que c'étoit. Nous entrons dans une salle, où nous
voyons une vieille femme mourante, assistée d'une
servante qui faisoit des regrets, et d'une jeune
fille toute fondante en larmes, la plus belle et la
plus touchante qu'on puisse jamais voir.

SCAPIN.

Ah ! ah !

OCTAVE.

Une autre auroit paru effroyable en l'état où
elle étoit, car elle n'avoit pour habillement qu'une
méchante petite jupe, avec des brassières de nuit
qui étoient de simple futaine, et sa coiffure étoit
une cornette jaune, retroussée au haut de sa tête,
qui laissoit tomber en désordre ses cheveux sur
ses épaules ; et, cependant, faite comme cela, elle
brilloit de mille attraits, et ce n'étoit qu'agréments
et que charmes que toute sa personne.

SCAPIN.

Je sens venir les choses.

OCTAVE.

Si tu l'avois vue, Scapin, en l'état que je dis,
tu l'aurois trouvée admirable.

SCAPIN.

Oh ! je n'en doute point ; et, sans l'avoir vue,
je vois bien qu'elle étoit tout à fait charmante.

OCTAVE.

Ses larmes n'étoient point de ces larmes désa-
gréables qui défigurent un visage : elle avoit à
pleurer une grâce touchante, et sa douleur étoit
la plus belle du monde.

SCAPIN.

Je vois tout cela.

OCTAVE.

Elle faisoit fondre chacun en larmes en se jetant
amoureusement sur le corps de cette mourante,
qu'elle appelloit sa chère mère, et il n'y avoit
personne qui n'eût l'âme percée de voir un si bon
naturel.

SCAPIN.

En effet, cela est touchant; et je vois bien que
ce bon naturel-là vous la fit aimer.

OCTAVE.

Ah ! Scapin, un barbare l'auroit aimée.

SCAPIN.

Assurément. Le moyen de s'en empêcher ?

OCTAVE.

Après quelques paroles dont je tâchai d'adoucir
la douleur de cette charmante affligée, nous sor-
tîmes de là ; et, demandant à Léandre ce qu'il lui
sembloit de cette personne, il me répondit froi-
dement qu'il la trouvoit assez jolie. Je fus piqué
de la froideur avec laquelle il m'en parloit, et je
ne voulus point lui découvrir l'effet que ses beautés
avoient fait sur mon âme.

SILVESTRE.

Si vous n'abrégez ce récit, nous en voilà pour
jusqu'à demain. Laissez-le-moi finir en deux mots.
Son cœur prends feu dès ce moment. Il ne sauroit
plus vivre, qu'il n'aille consoler son aimable affligée.
Ses fréquentes visites sont rejetées de la servante,

devenue la gouvernante par le trépas de la mère :
voilà mon homme au désespoir. Il presse, supplie,
conjure : point d'affaire. On lui dit que la fille,
quoique sans bien et sans appui, est de famille
honnête, et qu'à moins que de l'épouser, on ne
peut souffrir ses poursuites : voilà son amour aug-
menté par les difficultés. Il consulte dans sa tête,
agite, raisonne, balance, prend sa résolution : le
voilà marié avec elle depuis trois jours.

SCAPIN.

J'entends.

SILVESTRE.

Maintenant mets avec cela le retour imprévu
du père, qu'on n'attendoit que dans deux mois ; la
découverte que l'oncle a faite du secret de notre
mariage, et l'autre mariage qu'on veut faire de lui
avec la fille que le seigneur Géronte a eu d'une
seconde femme qu'on dit qu'il a épousée à Tarente.

OCTAVE.

Et, par dessus tout cela, mets encore l'indi-
gence où se trouve cette aimable personne, et l'im-
puissance où je me vois d'avoir de quoi la secourir.

SCAPIN.

Est-ce là tout ? Vous voilà bien embarrassés
tous deux pour une bagatelle ! C'est bien là de
quoi se tant alarmer. N'as-tu point de honte, toi,
de demeurer court à si peu de chose ? Que diable !

te voilà grand et gros comme père et mère, et tu ne saurois trouver dans ta tête, forger dans ton esprit quelque ruse galante, quelque honnête petit stratagème, pour ajuster vos affaires? Fi! Peste soit du butor! Je voudrois bien que l'on m'eût donné autrefois nos vieillards à duper : je les aurois joués tous deux par-dessous la jambe; et je n'étois pas plus grand que cela, que je me signalois déjà par cent tours d'adresse jolis.

SILVESTRE.

J'avoue que le Ciel ne m'a pas donné tes talents, et que je n'ai pas l'esprit, comme toi, de me brouiller avec la justice.

OCTAVE.

Voici mon aimable Hyacinte.

SCÈNE III

HYACINTE, OCTAVE, SCAPIN, SILVESTRE.

HYACINTE.

Ah! Octave, est-il vrai ce que Silvestre vient de dire à Nérine, que votre père est de retour et qu'il veut vous marier?

OCTAVE.

Oui, belle Hyacinte, et ces nouvelles m'ont

donné une atteinte cruelle. Mais que vois-je ?
vous pleurez ! Pourquoi ces larmes? Me soup-
çonnez-vous, dites-moi, de quelque infidélité, et
n'êtes-vous pas assurée de l'amour que j'ai pour
vous ?

HYACINTE.

Oui, Octave, je suis sûre que vous m'aimez ;
mais je ne le suis pas que vous m'aimiez toujours.

OCTAVE.

Eh ! peut-on vous aimer qu'on ne vous aime
toute sa vie ?

HYACINTE.

J'ai ouï dire, Octave, que votre sexe aime
moins longtemps que le nôtre, et que les ardeurs
que les hommes font voir sont des feux qui s'étei-
gnent aussi facilement qu'ils naissent.

OCTAVE.

Ah ! ma chère Hyacinte, mon cœur n'est donc
pas fait comme celui des autres hommes, et je
sens bien, pour moi, que je vous aimerai jusqu'au
tombeau.

HYACINTE.

Je veux croire que vous sentez ce que vous
dites, et je ne doute point que vos paroles ne
soient sincères ; mais je crains un pouvoir qui
combattra dans votre cœur les tendres sentiments
que vous pouvez avoir pour moi. Vous dépendez
d'un père qui veut vous marier à une autre per-

sonne, et je suis sûre que je mourrai si ce malheur m'arrive.

OCTAVE.

Non, belle Hyacinte, il n'y a point de père qui puisse me contraindre à vous manquer de foi, et je me résoudrai à quitter mon pays, et le jour même, s'il est besoin, plutôt qu'à vous quitter. J'ai déjà pris, sans l'avoir vue, une aversion effroyable pour celle que l'on me destine ; et, sans être cruel, je souhaiterois que la mer l'écartât d'ici pour jamais. Ne pleurez donc point, je vous prie, mon aimable Hyacinte, car vos larmes me tuent, et je ne les puis voir sans me sentir percer le cœur.

HYACINTE.

Puisque vous le voulez, je veux bien essuyer mes pleurs, et j'attendrai d'un œil constant ce qu'il plaira au Ciel de résoudre de moi.

OCTAVE.

Le Ciel nous sera favorable.

HYACINTE.

Il ne sauroit m'être contraire si vous m'êtes fidèle.

OCTAVE.

Je le serai assurément.

HYACINTE.

Je serai donc heureuse.

SCAPIN, *à part.*

Elle n'est pas tant sotte, ma foi, et je la trouve assez passable.

OCTAVE, *montrant Scapin.*

Voici un homme qui pourroit bien, s'il le vouloit, nous être dans tous nos besoins d'un secours merveilleux.

SCAPIN.

J'ai fait de grands serments de ne me mêler plus du monde; mais, si vous m'en priez bien fort tous deux, peut-être...

OCTAVE.

Ah! s'il ne tient qu'à te prier bien fort pour obtenir ton aide, je te conjure de tout mon cœur de prendre la conduite de notre barque.

SCAPIN, *à Hyacinte.*

Et vous, ne me dites-vous rien?

HYACINTE.

Je vous conjure, à son exemple, par tout ce qui vous est le plus cher au monde, de vouloir servir notre amour.

SCAPIN.

Il faut se laisser vaincre et avoir de l'humanité. Allez, je veux m'employer pour vous.

OCTAVE.

Crois que...

SCAPIN.

Chut! [*A Hyacinte.*] Allez-vous-en, vous, et

Scapin.   3

soyez en repos. [*A Octave.*] Et vous, préparez-
vous à soutenir avec fermeté l'abord de votre père.

OCTAVE.

Je t'avoue que cet abord me fait trembler par
avance, et j'ai une timidité naturelle que je ne
saurois vaincre.

SCAPIN.

Il faut pourtant paroître ferme au premier choc,
de peur que, sur votre faiblesse, il ne prenne le
pied de vous mener comme un enfant. Là, tâchez
de vous composer par étude. Un peu de hardiesse,
et songez à répondre résolument sur tout ce qu'il
pourra vous dire.

OCTAVE.

Je ferai du mieux que je pourrai.

SCAPIN.

Çà, essayons un peu, pour vous accoutumer.
Répétons un peu votre rôle, et voyons si vous
ferez bien. Allons. La mine résolue, la tête haute,
les regards assurés.

OCTAVE.

Comme cela ?

SCAPIN.

Encore un peu davantage.

OCTAVE.

Ainsi ?

SCAPIN.

Bon. Imaginez-vous que je suis votre père qui

arrive, et répondez-moi fermement, comme si c'é-
toit à lui-même. « Comment ! pendard, vaurien,
infâme, fils indigne d'un père comme moi, oses-tu
bien paroître devant mes yeux après tes bons déportements, après le lâche tour que tu m'as joué
pendant mon absence ? Est-ce là le fruit de mes
soins, maraud ? est-ce là le fruit de mes soins ? le
respect qui m'est dû ? le respect que tu me con-
serves ? » Allons donc ! « Tu as l'insolence, fripon, de t'engager sans le consentement de ton
père, de contracter un mariage clandestin ? Réponds-moi, coquin, réponds-moi. Voyons un peu
tes belles raisons. » Oh ! que diable ! vous demeurez interdit ?

OCTAVE.

C'est que je m'imagine que c'est mon père que
j'entends.

SCAPIN.

Eh oui ! C'est par cette raison qu'il ne faut pas
être comme un innocent.

OCTAVE.

Je m'en vais prendre plus de résolution, et je
répondrai fermement.

SCAPIN.

Assurément ?

OCTAVE.

Assurément.

SILVESTRE.

Voilà votre père qui vient.

OCTAVE.

O Ciel ! je suis perdu !

[*Il s'enfuit.*]

SCAPIN.

Holà ! Octave, demeurez. Octave ! Le voilà enfuit. Quelle pauvre espèce d'homme ! Ne laissons pas d'attendre le vieillard.

SILVESTRE.

Que lui dirais-je ?

SCAPIN.

Laisse-moi dire, moi, et ne fais que me suivre.

SCÈNE IV

ARGANTE, SCAPIN, SILVESTRE.

ARGANTE, *se croyant seul.*

A-t-on jamais ouï parler d'une action pareille à celle-là ?

SCAPIN, *à Silvestre.*

Il a déjà appris l'affaire, et elle lui tient si fort en tête que tout seul il en parle haut.

ARGANTE, *se croyant seul.*

Voilà une témérité bien grande !

SCAPIN, *à Silvestre.*

Écoutons-le un peu.

ARGANTE, *se croyant seul.*

Je voudrois bien savoir ce qu'ils me pourront dire sur ce beau mariage.

SCAPIN, *à part.*

Nous y avons songé.

ARGANTE, *se croyant seul.*

Tâcheront-ils de me nier la chose ?

SCAPIN, *à part.*

Non, nous n'y pensons pas.

ARGANTE, *se croyant seul.*

Ou s'ils entreprendront de l'excuser ?

SCAPIN, *à part.*

Celui-là se pourra faire.

ARGANTE, *se croyant seul.*

Prétendront-ils m'amuser par des contes en l'air ?

SCAPIN, *à part.*

Peut-être.

ARGANTE, *se croyant seul.*

Tous leurs discours seront inutiles.

SCAPIN, *à part.*

Nous allons voir.

ARGANTE, *se croyant seul.*

Ils ne m'en donneront point à garder.

SCAPIN, *à part.*

Ne jurons de rien.

ARGANTE, *se croyant seul.*

Je saurai mettre mon pendard de fils en lieu de sûreté.

SCAPIN, *à part.*

Nous y pourvoirons.

ARGANTE, *se croyant seul.*

Et, pour le coquin de Silvestre, je le rouerai de coups.

SILVESTRE, *à Scapin.*

J'étois bien étonné s'il m'oublioit.

ARGANTE, *apercevant Silvestre.*

Ah ! ah ! vous voilà donc, sage gouverneur de famille, beau directeur de jeunes gens.

SCAPIN.

Monsieur, je suis ravi de vous voir de retour.

ARGANTE.

Bonjour, Scapin. [*A Silvestre.*] Vous avez suivi mes ordres vraiment d'une belle manière, et mon fils s'est comporté fort sagement pendant mon absence.

SCAPIN.

Vous vous portez bien, à ce que je vois ?

ARGANTE.

Assez bien. [*A Silvestre.*] Tu ne dis mot, coquin, tu ne dis mot !

SCAPIN.

Votre voyage a-t-il été bon ?

ARGANTE.

Mon Dieu, fort bon. Laisse-moi un peu quereller en repos.

SCAPIN.

Vous voulez quereller ?

ARGANTE.

Oui, je veux quereller.

SCAPIN.

Et qui, Monsieur ?

ARGANTE.

Ce maraud-là.

SCAPIN.

Pourquoi ?

ARGANTE.

Tu n'as pas ouï parler de ce qui s'est passé
dans mon absence ?

SCAPIN.

J'ai bien ouï parler de quelque petite chose.

ARGANTE.

Comment, quelque petite chose ? Une action de
cette nature !

SCAPIN.

Vous avez quelque raison.

ARGANTE.

Une hardiesse pareille à celle-là ?

SCAPIN.

Cela est vrai.

ARGANTE.

Un fils qui se marie sans le consentement de son père ?

SCAPIN.

Oui, il y a quelque chose à dire à cela. Mais je serois d'avis que vous ne fissiez point de bruit.

ARGANTE.

Je ne suis pas de cet avis, moi, et je veux faire du bruit tout mon soûl. Quoi ! tu ne trouves pas que j'aie tous les sujets du monde d'être en colère ?

SCAPIN.

Si fait ; j'y ai d'abord été, moi, lorsque j'ai su la chose, et je me suis intéressé pour vous jusqu'à quereller votre fils. Demandez-lui un peu quelles belles réprimandes je lui ai faites, et comme je l'ai chapitré sur le peu de respect qu'il gardoit à un père dont il devoit baiser les pas. On ne peut pas lui mieux parler, quand ce seroit vous-même. Mais quoi ! je me suis rendu à la raison, et j'ai considéré que, dans le fond, il n'a pas tant de tort qu'on pourroit croire.

ARGANTE.

Que me viens-tu conter ? Il n'a pas tant de tort de s'aller marier de but en blanc avec une inconnue ?

SCAPIN.

Que voulez-vous ? il y a été poussé par sa destinée.

ARGANTE.

Ah ! ah ! voici une raison la plus belle du monde. On n'a plus qu'à commettre tous les crimes imaginables, tromper, voler, assassiner, et dire pour excuse qu'on y a été poussé par sa destinée.

SCAPIN.

Mon Dieu, vous prenez mes paroles trop en philosophe. Je veux dire qu'il s'est trouvé fatalement engagé dans cet affaire.

ARGANTE.

Et pourquoi s'y engageoit-il ?

SCAPIN.

Voulez-vous qu'il soit aussi sage que vous ? Les jeunes gens sont jeunes, et n'ont pas toute la prudence qu'il leur faudroit pour ne rien faire que de raisonnable : témoin notre Léandre, qui, malgré toutes mes leçons, malgré toutes mes remontrances, est allé faire de son côté pis encore que votre fils. Je voudrois bien savoir si vous-même n'avez pas été jeune, et n'avez pas dans votre temps fait des fredaines comme les autres. J'ai ouï dire, moi, que vous avez été autrefois un compagnon parmi les femmes, que vous faisiez de votre drôle avec les plus galantes de ce temps-là, et que vous n'en approchiez point que vous ne poussassiez à bout.

4

ARGANTE.

Cela est vrai, j'en demeure d'accord ; mais je m'en suis toujours tenu à la galanterie, et je n'ai point été jusqu'à faire ce qu'il a fait.

SCAPIN.

Que vouliez-vous qu'il fît ? Il voit une jeune personne qui lui veut du bien (car il tient cela de vous, d'être aimé de toutes les femmes). Il la trouve charmante. Il lui rend des visites, lui conte des douceurs, soupire galamment, fait le passionné. Elle se rend à sa poursuite. Il pousse sa fortune. Le voilà surpris avec elle par ses parents, qui, la force à la main, le contraignent de l'épouser.

SILVESTRE, à part.

L'habile fourbe que voilà !

SCAPIN.

Eussiez-vous voulu qu'il se fût laissé tuer ? Il vaut mieux encore être marié qu'être mort.

ARGANTE.

On ne m'a pas dit que l'affaire se soit ainsi passée.

SCAPIN, montrant Silvestre.

Demandez-lui plutôt. Il ne vous dira pas le contraire.

ARGANTE, à Silvestre.

C'est par force qu'il a été marié ?

SILVESTRE.

Oui, Monsieur.

SCAPIN.

Voudrois-je vous mentir?

ARGANTE.

Il devoit donc aller tout aussitôt protester de violence chez un notaire.

SCAPIN.

C'est ce qu'il n'a pas voulu faire.

ARGANTE.

Cela m'auroit donné plus de facilité à rompre ce mariage.

SCAPIN.

Rompre ce mariage!

ARGANTE.

Oui.

SCAPIN.

Vous ne le romprez point.

ARGANTE.

Je ne le romprai point?

SCAPIN.

Non.

ARGANTE.

Quoi! je n'aurai pas pour moi les droits de père, et la raison de la violence qu'on a faite à mon fils?

SCAPIN.

C'est une chose dont il ne demeurera pas d'accord.

ARGANTE.

Il n'en demeurera pas d'accord ?

SCAPIN.

Non.

ARGANTE.

Mon fils ?

SCAPIN.

Votre fils. Voulez-vous qu'il confesse qu'il ait été capable de crainte, et que ce soit par force qu'on lui ait fait faire les choses ? Il n'a garde d'aller avouer cela. Ce seroit se faire tort, et se montrer indigne d'un père comme vous.

ARGANTE.

Je me moque de cela.

SCAPIN.

Il faut, pour son honneur et pour le vôtre, qu'il dise dans le monde que c'est de bon gré qu'il l'a épousée.

ARGANTE.

Et je veux, moi, pour mon honneur et pour le sien, qu'il dise le contraire.

SCAPIN.

Non, je suis sûr qu'il ne le fera pas.

ARGANTE.

Je l'y forcerai bien.

SCAPIN.

Il ne le fera pas, vous dis-je.

ARGANTE.

Il le fera, où je le déshériterai.

SCAPIN.

Vous ?

ARGANTE.

Moi.

SCAPIN.

Bon !

ARGANTE.

Comment, bon ?

SCAPIN.

Vous ne le déshériterez point.

ARGANTE.

Je ne le déshériterai point ?

SCAPIN.

Non.

ARGANTE.

Non ?

SCAPIN.

Non.

ARGANTE.

Hoy ! voici qui est plaisant. Je ne déshériterai pas mon fils ?

SCAPIN.

Non, vous dis-je.

ARGANTE.

Qui m'en empêchera ?

SCAPIN.

Vous-même.

ARGANTE.

Moi ?

SCAPIN.

Oui. Vous n'aurez pas ce cœur-là.

ARGANTE.

Je l'aurai.

SCAPIN.

Vous vous moquez.

ARGANTE.

Je ne me moque point.

SCAPIN.

La tendresse paternelle fera son office.

ARGANTE.

Elle ne fera rien.

SCAPIN.

Oui, oui.

ARGANTE.

Je vous dis que cela sera.

SCAPIN.

Bagatelles !

ARGANTE.

Il ne faut point dire : Bagatelles.

SCAPIN.

Mon Dieu, je vous connois, vous êtes bon na-
turellement.

ARGANTE.

Je ne suis point bon, et je suis méchant quand
je veux. Finissons ce discours qui m'échauffe la
bile. [*A Silvestre.*] Va-t'en, pendard, va-t'en me
chercher mon fripon, tandis que j'irai rejoindre le
seigneur Géronte pour lui conter ma disgrâce.

SCAPIN.

Monsieur, si je vous puis être utile en quelque
chose, vous n'avez qu'à me commander.

ARGANTE.

Je vous remercie. [*A part.*] Ah ! pourquoi faut-
il qu'il soit fils unique ! Et que n'ai-je à cette
heure la fille que le Ciel m'a ôtée, pour la faire
mon héritière !

SCÈNE V

SCAPIN, SILVESTRE

SILVESTRE.

J'avoue que tu es un grand homme, et voilà
l'affaire en bon train ; mais l'argent, d'autre part,
nous presse pour notre subsistance, et nous avons
de tous côtés des gens qui aboient après nous.

SCAPIN.

Laisse-moi faire, la machine est trouvée. Je
cherche seulement dans ma tête un homme qui

nous soit affidé, pour jouer un personnage dont j'ai besoin. Attends. Tiens-toi un peu. Enfonce ton bonnet en méchant garçon. Campe-toi sur un pied. Mets la main au côté. Fais les yeux furibonds. Marche un peu en roi de théâtre. Voilà qui est bien. Suis-moi. J'ai des secrets pour déguiser ton visage et ta voix.

SILVESTRE.

Je te conjure au moins de ne m'aller point brouiller avec la justice.

SCAPIN.

Va, va, nous partagerons les périls en frères ; et trois ans de galère de plus ou de moins ne sont pas pour arrêter un noble cœur.

ACTE II

SCÈNE PREMIÈRE

GÉRONTE, ARGANTE.

GÉRONTE.

Oui, sans doute, par le temps qu'il fait, nous aurons ici nos gens aujourd'hui ; et un matelot qui vient de Tarente m'a assuré qu'il avoit vu mon homme qui étoit près de s'embarquer. Mais l'arrivée de ma fille trouvera les choses mal disposées à ce que nous nous proposions, et ce que vous venez de m'apprendre de votre fils rompt étrangement les mesures que nous avions prises ensemble.

ARGANTE.

Ne vous mettez pas en peine : je vous réponds de renverser tout cet obstacle, et j'y vais travailler de ce pas.

GÉRONTE.

Ma foi, seigneur Argante, voulez-vous que je vous dise ? l'éducation des enfants est une chose à quoi il faut s'attacher fortement.

ARGANTE.

Sans doute. A quel propos cela ?

GÉRONTE.

A propos de ce que les mauvais déportements des jeunes gens viennent le plus souvent de la mauvaise éducation que leurs pères leur donnent.

ARGANTE.

Cela arrive parfois. Mais que voulez-vous dire par là ?

GÉRONTE.

Ce que je veux dire par là ?

ARGANTE.

Oui.

GÉRONTE.

Que, si vous aviez, en brave père, bien morigéné votre fils, il ne vous auroit pas joué le tour qu'il vous a fait.

ARGANTE.

Fort bien. De sorte donc que vous avez bien mieux morigéné le vôtre ?

GÉRONTE.

Sans doute, et je serois bien fâché qu'il m'eût rien fait approchant de cela.

ARGANTE.

Et si ce fils que vous avez, en brave père, si bien morigéné avoit fait pis encore que le mien, eh ?

GÉRONTE.

Comment ?

ARGANTE.

Comment ?

GÉRONTE.

Qu'est-ce que cela veut dire ?

ARGANTE.

Cela veut dire, Seigneur Géronte, qu'il ne faut pas être si prompt à condamner la conduite des autres ; et que ceux qui veulent gloser, doivent bien regarder chez eux s'il n'y a rien qui cloche.

GÉRONTE.

Je n'entends point cette énigme.

ARGANTE.

On vous l'expliquera.

GÉRONTE.

Est-ce que vous auriez ouï dire quelque chose de mon fils ?

ARGANTE.

Cela se peut faire.

GÉRONTE.

Et quoi encore ?

ARGANTE.

Votre Scapin, dans mon dépit, ne m'a dit la

chose qu'en gros ; et vous pourrez, de lui ou de
quelque autre, être instruit du détail. Pour moi,
je vais vite consulter un avocat, et aviser des biais
que j'ai à prendre. Jusqu'au revoir.

SCÈNE II

LÉANDRE, GÉRONTE.

GÉRONTE.

Que pourroit-ce être que cette affaire-ci ? Pis
encore que le sien ! Pour moi, je ne vois pas ce
que l'on peut faire de pis, et je trouve que se
marier sans le consentement de son père est une
action qui passe tout ce qu'on peut s'imaginer. Ah !
vous voilà.

LÉANDRE, *en courant à lui pour l'embrasser.*

Ah ! mon père, que j'ai de joie de vous voir de
retour !

GÉRONTE, *refusant de l'embrasser.*

Doucement. Parlons un peu d'affaire.

LÉANDRE.

Souffrez que je vous embrasse, et que...

GÉRONTE, *le repoussant encore.*

Doucement, vous dis-je.

LÉANDRE.

Quoi ! vous me refusez, mon père, de vous

exprimer mon transport par mes embrassements?

GÉRONTE.

Oui. Nous avons quelque chose à démêler ensemble.

LÉANDRE.

Et quoi?

GÉRONTE.

Tenez-vous, que je vous voie en face.

LÉANDRE.

Comment?

GÉRONTE.

Regardez-moi entre deux yeux.

LÉANDRE.

Hé bien?

GÉRONTE.

Qu'est-ce donc qui s'est passé ici?

LÉANDRE.

Ce qui s'est passé?

GÉRONTE.

Oui. Qu'avez-vous fait dans mon absence?

LÉANDRE.

Que voulez-vous, mon père, que j'aie fait?

GÉRONTE.

Ce n'est pas moi qui veux que vous ayez fait,
mais qui demande ce que c'est que vous avez fait.

LÉANDRE.

Moi, je n'ai fait aucune chose dont vous ayez
lieu de vous plaindre.

GÉRONTE.

Aucune chose ?

LÉANDRE.

Non.

GÉRONTE.

Vous êtes bien résolu.

LÉANDRE.

C'est que je suis sûr de mon innocence.

GÉRONTE.

Scapin pourtant a dit de vos nouvelles.

LÉANDRE.

Scapin !

GÉRONTE.

Ah ! ah ! ce mot vous fait rougir.

LÉANDRE.

Il vous a dit quelque chose de moi ?

GÉRONTE.

Ce lieu n'est pas tout à fait propre à vider cette affaire, et nous allons l'examiner ailleurs. Qu'on se rende au logis. J'y vais revenir tout à l'heure. Ah ! traître, s'il faut que tu me déshonores, je te renonce pour mon fils, et tu peux bien pour jamais te résoudre à fuir de ma présence.

SCÈNE III

OCTAVE, SCAPIN, LÉANDRE.

LÉANDRE, *seul*.

Me trahir de cette manière ! Un coquin qui doit, par cent raisons, être le premier à cacher les choses que je lui confie, est le premier à les aller découvrir à mon père ! Ah ! je jure le Ciel que cette trahison ne demeurera pas impunie.

OCTAVE.

Mon cher Scapin, que ne dois-je point à tes soins ! Que tu es un homme admirable ! Et que le Ciel m'est favorable de t'envoyer à mon secours !

LÉANDRE.

Ah ! Ah ! vous voilà. Je suis ravi de vous trouver, Monsieur le coquin.

SCAPIN.

Monsieur, votre serviteur. C'est trop d'honneur que vous me faites.

LÉANDRE, *en mettant l'épée à la main*.

Vous faites le méchant plaisant ? Ah ! je vous apprendrai...

SCAPIN, *se mettant à genoux*.
Monsieur !

OCTAVE, *se mettant entre-deux pour empêcher*
Léandre de le frapper.

Ah ! Léandre !

LÉANDRE.

Non, Octave, ne me retenez point, je vous
prie.

SCAPIN, *à Léandre.*

Eh ! Monsieur !

OCTAVE, *le retenant.*

De grâce !

LÉANDRE, *voulant frapper Scapin.*

Laissez-moi contenter mon ressentiment.

OCTAVE.

Au nom de l'amitié, Léandre, ne le maltraitez
point !

SCAPIN.

Monsieur, que vous ai-je fait ?

LÉANDRE, *voulant le frapper.*

Ce que tu m'as fait, traître ?

OCTAVE, *le retenant.*

Eh ! doucement !

LÉANDRE.

Non, Octave, je veux qu'il me confesse lui-
même tout à l'heure la perfidie qu'il m'a faite.
Oui, coquin, je sais le trait que tu m'as joué, on
vient de me l'apprendre ; et tu ne croyois pas peut-
être que l'on me dût révéler ce secret ; mais je
veux en avoir la confession de ta propre bouche,

ou je vais te passer cette épée au travers du corps.

SCAPIN.

Ah! Monsieur, auriez-vous bien ce cœur-là?

LÉANDRE.

Parle donc.

SCAPIN.

Je vous ai fait quelque chose, Monsieur?

LÉANDRE.

Oui, coquin, et ta conscience ne te dit que trop ce que c'est.

SCAPIN.

Je vous assure que je l'ignore.

LÉANDRE, *s'avançant pour le frapper.*

Tu l'ignores!

OCTAVE, *le retenant.*

Léandre!

SCAPIN.

Hé bien, Monsieur, puisque vous le voulez, je vous confesse que j'ai bu avec mes amis ce petit quartaut de vin d'Espagne dont on vous fit présent il y a quelques jours, et que c'est moi qui fis une fente au tonneau, et répandis de l'eau autour, pour faire croire que le vin s'étoit échappé.

LÉANDRE.

C'est toi, pendard, qui m'as bu mon vin d'Espagne, et qui as été cause que j'ai tant querellé la servante, croyant que c'étoit elle qui m'avoit fait le tour?

SCAPIN.

Oui, Monsieur; je vous en demande pardon.

LÉANDRE.

Je suis bien aise d'apprendre cela; mais ce n'est pas l'affaire dont il est question maintenant.

SCAPIN.

Ce n'est pas cela, Monsieur?

LÉANDRE.

Non, c'est une autre affaire qui me touche bien plus, et je veux que tu me la dises.

SCAPIN.

Monsieur, je ne me souviens pas d'avoir fait autre chose.

LÉANDRE, *voulant le frapper.*

Tu ne veux pas parler?

SCAPIN.

Eh!

OCTAVE, *le retenant.*

Tout doux!

SCAPIN.

Oui, Monsieur, il est vrai qu'il y a trois semaines que vous m'envoyâtes porter, le soir, une petite montre à la jeune Egyptienne que vous aimez. Je revins au logis mes habits tout couverts de boue et le visage plein de sang, et vous dis que j'avois trouvé des voleurs qui m'avoient bien battu et m'avoient dérobé la montre. C'étoit moi, Monsieur, qui l'avois retenue.

LÉANDRE.

C'est toi qui as retenu ma montre ?

SCAPIN.

Oui, Monsieur, afin de voir quelle heure il est.

LÉANDRE.

Ah ! ah ! j'apprends ici de jolies choses, et j'ai
un serviteur fort fidèle vraiment. Mais ce n'est pas
encore cela que je demande.

SCAPIN.

Ce n'est pas cela ?

LÉANDRE.

Non, infâme ; c'est autre chose encore que je
veux que tu me confesses.

SCAPIN, *à part.*

Peste !

LÉANDRE.

Parle vite, j'ai hâte.

SCAPIN.

Monsieur, voilà tout ce que j'ai fait.

LÉANDRE, *voulant frapper Scapin.*

Voilà tout ?

OCTAVE, *se mettant au-devant.*

Eh !

SCAPIN.

Hé bien ! oui, Monsieur ; vous vous souvenez de
ce loup-garou, il y a six mois, qui vous donna
tant de coups de bâton la nuit, et vous pensa faire

rompre le cou dans une cave où vous tombâtes en fuyant.

LÉANDRE.

Hé bien ?

SCAPIN.

C'étoit moi, Monsieur, qui faisois le loup-garou.

LÉANDRE.

C'étoit toi, traître, qui faisois le loup-garou ?

SCAPIN.

Oui, Monsieur, seulement pour vous faire peur, et vous ôter l'envie de nous faire courir toutes les nuits comme vous aviez de coutume.

LÉANDRE.

Je saurai me souvenir en temps et lieu de tout ce que je viens d'apprendre. Mais je veux en venir au fait, et que tu me confesses ce que tu as dit à mon père.

SCAPIN.

A votre père ?

LÉANDRE.

Oui, fripon, à mon père.

SCAPIN.

Je ne l'ai pas seulement vu depuis son retour.

LÉANDRE.

Tu ne l'as pas vu ?

SCAPIN.

Non, Monsieur.

LÉANDRE.

Assurément?

SCAPIN.

Assurément. C'est une chose que je vais vous faire dire par lui-même.

LÉANDRE.

C'est de sa bouche que je le tiens pourtant.

SCAPIN.

Avec votre permission, il n'a pas dit la vérité.

SCÈNE IV

CARLE, SCAPIN, LÉANDRE, OCTAVE.

CARLE, à Léandre.

Monsieur, je vous apporte une nouvelle qui est fâcheuse pour votre amour.

LÉANDRE.

Comment?

CARLE.

Vos Egyptiens sont sur le point de vous enlever Zerbinette, et elle-même, les larmes aux yeux, m'a chargé de venir promptement vous dire que si, dans deux heures, vous ne songez à leur porter l'argent qu'ils vous ont demandé pour elle, vous l'allez perdre pour jamais.

LÉANDRE.

Dans deux heures ?

CARLE.

Dans deux heures.

LÉANDRE.

Ah ! mon pauvre Scapin, j'implore ton secours.

SCAPIN, *passant devant lui avec un air fier.*

« Ah ! mon pauvre Scapin ! » Je suis, « mon pauvre Scapin », à cette heure qu'on a besoin de moi.

LÉANDRE.

Va, je te pardonne tout ce que tu viens de me dire, et pis encore, si tu me l'as fait.

SCAPIN.

Non, non, ne me pardonnez rien. Passez-moi votre épée au travers du corps. Je serai ravi que vous me tuiez.

LÉANDRE.

Non. Je te conjure plutôt de me donner la vie en servant mon amour.

SCAPIN.

Point, point, vous ferez mieux de me tuer.

LÉANDRE.

Tu m'es trop précieux ; et je te prie de vouloir employer pour moi ce génie admirable qui vient à bout de toute chose.

SCAPIN.

Non, tuez-moi, vous dis-je.

LÉANDRE.

Ah ! de grâce, ne songe plus à tout cela, et pense à me donner le secours que je te demande.

OCTAVE.

Scapin, il faut faire quelque chose pour lui.

SCAPIN.

Le moyen, après une avanie de la sorte ?

LÉANDRE.

Je te conjure d'oublier mon emportement, et de me prêter ton adresse.

OCTAVE.

Je joins mes prières aux siennes.

SCAPIN.

J'ai cette insulte-là sur le cœur.

OCTAVE.

Il faut quitter ton ressentiment.

LÉANDRE.

Voudrois-tu m'abandonner, Scapin, dans la cruelle extrémité où se voit mon amour ?

SCAPIN.

Me venir faire, à l'improviste, un affront comme celui-là !

LÉANDRE.

J'ai tort, je le confesse.

SCAPIN.

Me traiter de coquin, de fripon, de pendard, d'infâme !

LÉANDRE.

J'en ai tous les regrets du monde.

SCAPIN.

Me vouloir passer son épée au travers du corps !

LÉANDRE.

Je t'en demande pardon de tout mon cœur; et,
s'il ne tient qu'à me jeter à tes genoux, tu m'y
vois, Scapin, pour te conjurer encore une fois de
ne me point abandonner.

OCTAVE.

Ah ! ma foi, Scapin, il se faut rendre à cela.

SCAPIN.

Levez-vous. Une autre fois, ne soyez point si
prompt.

LÉANDRE.

Me promets-tu de travailler pour moi ?

SCAPIN.

On y songera.

LÉANDRE.

Mais tu sais que le temps presse.

SCAPIN.

Ne vous mettez pas en peine. Combien est-ce
qu'il vous faut ?

LÉANDRE.

Cinq cents écus.

SCAPIN.

Et à vous ?

OCTAVE.

Deux cents pistoles.

SCAPIN.

Je veux tirer cet argent de vos pères. [*A Octave.*]
Pour ce qui est du vôtre, la machine est déjà
toute trouvée. [*A Léandre.*] Et quant au vôtre,
bien qu'avare au dernier degré, il y faudra moins
de façons encore : car vous savez que, pour l'esprit, il n'en a pas, grâces à Dieu ! grande provision, et je le livre pour une espèce d'homme à qui
l'on fera toujours croire tout ce que l'on voudra.
Cela ne vous offense point : il ne tombe entre lui
et vous aucun soupçon de ressemblance ; et vous
savez assez l'opinion de tout le monde, qui veut
qu'il ne soit votre père que pour la forme.

LÉANDRE.

Tout beau, Scapin !

SCAPIN.

Bon, bon, on fait bien scrupule de cela ! vous
moquez-vous ? Mais j'aperçois venir le père d'Octave. Commençons par lui, puisqu'il se présente.
Allez-vous-en tous deux. [*A Octave.*] Et vous,
avertissez votre Silvestre de venir vite jouer son
rôle.

SCÈNE V

ARGANTE, SCAPIN.

SCAPIN, *à part.*

Le voilà qui rumine.

ARGANTE, *se croyant seul.*

Avoir si peu de conduite et de considération !
S'aller jeter dans un engagement comme celui-là !
Ah ! ah ! jeunesse impertinente !

SCAPIN.

Monsieur, votre serviteur.

ARGANTE.

Bonjour, Scapin.

SCAPIN.

Vous rêvez à l'affaire de votre fils ?

ARGANTE.

Je t'avoue que cela me donne un furieux chagrin.

SCAPIN.

Monsieur, la vie est mêlée de traverses. Il est
bon de s'y tenir sans cesse préparé ; et j'ai ouï
dire, il y a longtemps, une parole d'un ancien
que j'ai toujours retenue.

ARGANTE.

Quoi ?

SCAPIN.

Que, pour peu qu'un père de famille ait été absent de chez lui, il doit promener son esprit sur tous les fâcheux accidents que son retour peut rencontrer : se figurer sa maison brûlée, son argent dérobé, sa femme morte, son fils estropié, sa fille subornée; et ce qu'il trouve qu'il ne lui est point arrivé, l'imputer à bonne fortune. Pour moi, j'ai pratiqué toujours cette leçon dans ma petite philosophie; et je ne suis jamais revenu au logis, que je ne me sois tenu prêt à la colère de mes maîtres, aux réprimandes, aux injures, aux coups de pied au cul, aux bastonnades, aux étrivières; et ce qui a manqué à m'arriver, j'en ai rendu grâce à mon bon destin.

ARGANTE.

Voilà qui est bien. Mais ce mariage impertinent, qui trouble celui que nous voulons faire, est une chose que je ne puis souffrir, et je viens de consulter des avocats pour le faire casser.

SCAPIN.

Ma foi, Monsieur, si vous m'en croyez, vous tâcherez par quelqu'autre voie d'accommoder l'affaire. Vous savez ce que c'est que les procès en ce pays-ci, et vous allez vous enfoncer dans d'étranges épines.

ARGANTE.

Tu as raison, je le vois bien. Mais quelle autre voie ?

SCAPIN.

Je pense que j'en ai trouvé une. La compassion
que m'a donné tantôt votre chagrin m'a obligé
à chercher dans ma tête quelque moyen pour vous
tirer d'inquiétude : car je ne saurois voir d'honnêtes
pères chagrinés par leurs enfants que cela ne
m'émeuve ; et de tout temps je me suis senti pour
votre personne une inclination particulière.

ARGANTE.

Je te suis obligé.

SCAPIN.

J'ai donc été trouver le frère de cette fille qui
a été épousée. C'est un de ces braves de profession, de ces gens qui sont tous coups d'épée, qui
ne parlent que d'échiner, et ne font non plus de
conscience de tuer un homme que d'avaler un
verre de vin. Je l'ai mis sur ce mariage, lui ai fait
voir quelle facilité offroit la raison de la violence
pour le faire casser, vos prérogatives du nom de
père, et l'appui que vous donneroit auprès de la
justice et votre droit, et votre argent, et vos
amis. Enfin je l'ai tant tourné de tous les côtés,
qu'il a prêté l'oreille aux propositions que je lui
ai faites d'ajuster l'affaire pour quelque somme ;
et il donnera son consentement à rompre le mariage, pourvu que vous lui donniez de l'argent.

ARGANTE.

Et qu'a-t-il demandé ?

SCAPIN.

Oh! d'abord, des choses par-dessus les maisons.

ARGANTE.

Et quoi?

SCAPIN.

Des choses extravagantes.

ARGANTE.

Mais encore?

SCAPIN.

Il ne parloit pas moins que de cinq ou six cents pistoles.

ARGANTE.

Cinq ou six cents fièvres quartaines qui le puissent serrer! Se moque-t-il des gens?

SCAPIN.

C'est ce que je lui ai dit. J'ai rejeté bien loin de pareilles propositions, et je lui ai bien fait entendre que vous n'étiez point une dupe, pour vous demander des cinq ou six cents pistoles. Enfin, après plusieurs discours, voici où s'est réduit le résultat de notre conférence : « Nous voilà au temps, m'a-t-il dit, que je dois partir pour l'armée. Je suis après à m'équiper, et le besoin que j'ai de quelque argent me fait consentir, malgré moi, à ce qu'on me propose. Il me faut un cheval de service, et je n'en saurois avoir un qui soit tant soit peu raisonnable à moins de soixante pistoles. »

ARGANTE.

Hé bien, pour soixante pistoles, je les donne.

SCAPIN.

« Il faudra le harnois et les pistolets, et cela ira
bien à vingt pistoles encore. »

ARGANTE.

Vingt pistoles et soixante, ce seroit quatre-
vingts.

SCAPIN.

Justement.

ARGANTE.

C'est beaucoup ; mais soit, je consens à cela.

SCAPIN.

« Il me faut aussi un cheval pour monter mon
valet, qui coûtera bien trente pistoles. »

ARGANTE.

Comment, diantre ! Qu'il se promène ; il n'aura
rien du tout.

SCAPIN.

Monsieur !

ARGANTE.

Non : c'est un impertinent.

SCAPIN.

Voulez-vous que son valet aille à pied ?

ARGANTE.

Qu'il aille comme il lui plaira, et le maître
aussi.

SCAPIN.

Mon Dieu, Monsieur, ne vous arrêtez point à peu de chose. N'allez point plaider, je vous prie, et donnez tout pour vous sauver des mains de la justice.

ARGANTE.

Hé bien, soit, je me résous à donner encore ces trente pistoles.

SCAPIN.

« Il me faut encore, a-t-il dit, un mulet pour porter... »

ARGANTE.

Oh ! qu'il aille au diable avec son mulet ! C'en est trop, et nous irons devant les juges.

SCAPIN.

De grâce, Monsieur...

ARGANTE.

Non, je n'en ferai rien.

SCAPIN.

Monsieur, un petit mulet.

ARGANTE.

Je ne lui donnerois pas seulement un âne.

SCAPIN.

Considérez...

ARGANTE.

Non, j'aime mieux plaider.

SCAPIN.

Eh ! Monsieur, de quoi parlez-vous là, et à

quoi vous résolvez-vous? Jetez les yeux sur les
détours de la justice : voyez combien d'appels et
de degrés de juridiction, combien de procédures
embarrassantes, combien d'animaux ravissants par
les griffes desquels il vous faudra passer : sergents,
procureurs, avocats, greffiers, substituts, rappor-
teurs, juges, et leurs clercs. Il n'y a pas un de
tous ces gens-là qui, pour la moindre chose, ne
soit capable de donner un soufflet au meilleur
droit du monde. Un sergent baillera de faux ex-
ploits, sur quoi vous serez condamné sans que vous
le sachiez. Votre procureur s'entendra avec votre
partie, et vous vendra à beaux deniers comptants.
Votre avocat, gagné de même, ne se trouvera
point lors qu'on plaidera votre cause, ou dira des
raisons qui ne feront que battre la campagne et
n'iront point au fait. Le greffier délivrera par
contumace des sentences et arrêts contre vous. Le
clerc du rapporteur soustraira des pièces, ou le rapporteur même ne dira pas ce qu'il a vu. Et quand,
par les plus grandes précautions du monde, vous
aurez paré tout cela, vous serez ébahi que vos juges
auront été sollicités contre vous ou par des gens
dévôts ou par des femmes qu'ils aimeront. Eh!
Monsieur, si vous le pouvez, sauvez-vous de cet
enfer-là. C'est être damné dès ce monde que
d'avoir à plaider ; et la seule pensée d'un procès
seroit capable de me faire fuir jusqu'aux Indes.

ARGANTE.

A combien est-ce qu'il fait monter le mulet ?

SCAPIN.

Monsieur, pour le mulet, pour son cheval et celui de son homme, pour le harnois et les pistolets, et pour payer quelque petite chose qu'il doit à son hôtesse, il demande en tout deux cents pistoles.

ARGANTE.

Deux cents pistoles ?

SCAPIN.

Oui.

ARGANTE, *se promenant en colère le long du théâtre*.

Allons, allons, nous plaiderons.

SCAPIN.

Faites réflexion...

ARGANTE.

Je plaiderai.

SCAPIN.

Ne vous allez point jeter...

ARGANTE.

Je veux plaider.

SCAPIN.

Mais, pour plaider, il vous faudra de l'argent. Il vous en faudra pour l'exploit, il vous en faudra pour le contrôle. Il vous en faudra pour la procuration, pour la présentation, conseils, productions, et journées du procureur. Il vous en faudra pour

8

les consultations et plaidoieries des avocats, pour
le droit de retirer le sac, et pour les grosses d'écritures. Il vous en faudra pour le rapport des substituts, pour les épices de conclusion, pour l'enregistrement du greffier, façon d'appointement,
sentences et arrêts, contrôles, signatures et expéditions de leurs clercs, sans parler de tous les pré-
sents qu'il vous faudra faire. Donnez cet argent-là
à cet homme-ci, vous voilà hors d'affaire.

ARGANTE.

Comment ! deux cents pistoles !

SCAPIN.

Oui, vous y gagnerez. J'ai fait un petit calcul,
en moi-même, de tous les frais de la justice ; et
j'ai trouvé qu'en donnant deux cents pistoles à
votre homme, vous en aurez de reste pour le moins
cent cinquante, sans compter les soins, les pas et
les chagrins que vous épargnerez. Quand il n'y
auroit à essuyer que les sottises que disent devant
tout le monde de méchants plaisants d'avocats,
j'aimerois mieux donner trois cents pistoles que de
plaider.

ARGANTE.

Je me moque de cela, et je défie les avocats de
rien dire de moi.

SCAPIN.

Vous ferez ce qu'il vous plaira ; mais, si j'étois
que de vous, je fuirois les procès.

ARGANTE.

Je ne donnerai point deux cents pistoles.

SCAPIN.

Voici l'homme dont il s'agit.

SCÈNE VI

SILVESTRE, ARGANTE, SCAPIN.

SILVESTRE, *déguisé en spadassin.*

Scapin, fais-moi connoître un peu cet Argante qui est père d'Octave.

SCAPIN.

Pourquoi, Monsieur?

SILVESTRE.

Je viens d'apprendre qu'il veut me mettre en procès, et faire rompre par justice le mariage de ma sœur.

SCAPIN.

Je ne sais pas s'il a cette pensée; mais il ne veut point consentir aux deux cents pistoles que vous voulez, et il dit que c'est trop.

SILVESTRE.

Par la mort! par la tête! par la ventre! si je le trouve, je le veux échiner, dussé-je être roué tout vif.

(*Argante, pour n'être point vu, se tient en tremblant couvert de Scapin.*)

SCAPIN.

Monsieur, ce père d'Octave a du cœur, et peut-être ne vous craindra-t-il point.

SILVESTRE.

Lui ? lui ? Par la sang ! par la tête ! s'il étoit là, je lui donnerois tout à l'heure de l'épée dans le ventre. [*Apercevant Argante.*] Qui est cet homme-là ?

SCAPIN.

Ce n'est pas lui, Monsieur, ce n'est pas lui.

SILVESTRE.

N'est-ce point quelqu'un de ses amis ?

SCAPIN.

Non, Monsieur, au contraire, c'est son ennemi capital.

SILVESTRE.

Son ennemi capital ?

SCAPIN.

Oui.

SILVESTRE.

Ah ! parbleu ! j'en suis ravi. Vous êtes ennemi, Monsieur, de ce faquin d'Argante ? eh ?

SCAPIN.

Oui, oui, je vous en réponds.

SILVESTRE *lui prend rudement la main.*

Touchez là. Touchez. Je vous donne ma pa-

role, et vous jure sur mon honneur, par l'épée que
je porte, par tous les serments que je saurois faire,
qu'avant la fin du jour, je vous déferai de ce maraud fieffé, de ce faquin d'Argante. Reposez-vous
sur moi.

SCAPIN.

Monsieur, les violences en ce pays-ci ne sont
guère souffertes.

SILVESTRE.

Je me moque de tout, et je n'ai rien à perdre.

SCAPIN.

Il se tiendra sur ses gardes, assurément; et il a
des parents, des amis et des domestiques, dont il
se fera un secours contre votre ressentiment.

SILVESTRE.

C'est ce que je demande, Morbleu! c'est ce que
je demande. (*Il met l'épée à la main, et pousse de
tous les côtés, comme s'il y avoit plusieurs personnes devant lui.*) Ah! tête! ah! ventre! que ne
le trouvé-je à cette heure avec tout son secours!
Que ne paroît-il à mes yeux au milieu de trente
personnes! Que ne les vois-je fondre sur moi les
armes à la main! Comment, marauds, vous avez
la hardiesse de vous attaquer à moi! Allons, morbleu, tue! Point de quartier. Donnons. Ferme.
Poussons. Bon pied, bon œil. Ah! coquins! Ah!
canailles! vous en voulez par là, je vous en ferai
tâter votre soûl. Soutenez, marauds, soutenez.

Allons. A cette botte. A cette autre. A celle-ci.
A celle-là. Comment ! vous reculez ? Pied ferme,
morbleu ! pied ferme !

SCAPIN.

Eh ! eh ! eh ! Monsieur, nous n'en sommes pas.

SILVESTRE.

Voilà qui vous apprendra à vous oser jouer à
moi. [*Il s'éloigne.*]

SCAPIN.

Hé bien ! vous voyez combien de personnes
tuées pour deux cents pistoles. Oh ! sus, je vous
souhaite une bonne fortune.

ARGANTE, *tout tremblant.*

Scapin !

SCAPIN.

Plaît-il ?

ARGANTE.

Je me résouds à donner les deux cents pistoles.

SCAPIN.

J'en suis ravi pour l'amour de vous.

ARGANTE.

Allons le trouver, je les ai sur moi.

SCAPIN.

Vous n'avez qu'à me les donner. Il ne faut pas,
pour votre honneur, que vous paroissiez là, après
avoir passé ici pour autre que ce que vous êtes ;
et, de plus, je craindrois qu'en vous faisant con-

noître il n'allât s'aviser de vous en demander
davantage.

ARGANTE.

Oui; mais j'aurois été bien aise de voir comme
je donne mon argent.

SCAPIN.

Est-ce que vous vous défiez de moi?

ARGANTE.

Non pas, mais...

SCAPIN.

Parbleu, Monsieur, je suis un fourbe ou je suis
honnête homme; c'est l'un des deux. Est-ce que
je voudrois vous tromper, et que dans tout ceci
j'ai d'autre intérêt que le vôtre et celui de mon
maître, à qui vous voulez vous allier? Si je vous
suis suspect, je ne me mêle plus de rien, et vous
n'avez qu'à chercher dès cette heure qui accom-
modera vos affaires.

ARGANTE.

Tiens donc.

SCAPIN.

Non, Monsieur, ne me confiez point votre argent. Je serai bien aise que vous vous serviez de
quelque autre.

ARGANTE.

Mon Dieu ! tiens.

SCAPIN.

Non, vous dis-je, ne vous fiez point à moi.

Que sait-on si je ne veux point vous attraper votre argent ?

ARGANTE.

Tiens, te dis-je, ne me fais point contester davantage. Mais songe à bien prendre tes sûretés avec lui.

SCAPIN.

Laissez-moi faire, il n'a pas affaire à un sot.

ARGANTE.

Je vais t'attendre chez moi.

SCAPIN.

Je ne manquerai pas d'y aller. [Seul.] Et un. Je n'ai qu'à chercher l'autre. Ah ! ma foi, le voici. Il semble que le ciel, l'un après l'autre, les amène dans mes filets.

SCÈNE VII

GÉRONTE, SCAPIN.

SCAPIN, *feignant de ne pas voir Géronte.*

O ciel ! ô disgrâce imprévue ! ô misérable père ! Pauvre Géronte, que feras-tu ?

GÉRONTE, *à part.*

Que dit-il là de moi, avec ce visage affligé ?

SCAPIN, *même jeu.*

N'y a-t-il personne qui puisse me dire où est le seigneur Géronte ?

GÉRONTE.

Qu'y a-t-il, Scapin ?

SCAPIN, *même jeu.*

Où pourrai-je le rencontrer pour lui dire cette infortune ?

GÉRONTE.

Qu'est-ce que c'est donc ?

SCAPIN, *même jeu.*

En vain je cours de tous côtés pour le pouvoir trouver.

GÉRONTE.

Me voici.

SCAPIN, *même jeu.*

Il faut qu'il soit caché en quelque endroit qu'on ne puisse point deviner.

GÉRONTE.

Holà ! es-tu aveugle, que tu ne me vois pas ?

SCAPIN.

Ah ! Monsieur, il n'y a pas moyen de vous rencontrer.

GÉRONTE.

Il y a une heure que je suis devant toi. Qu'est-ce que c'est donc qu'il y a ?

SCAPIN.

Monsieur...

Scapin.   9

GÉRONTE.

Quoi ?

SCAPIN.

Monsieur, votre fils...

GÉRONTE.

Hé bien ! mon fils...

SCAPIN.

Est tombé dans une disgrâce la plus étrange du monde.

GÉRONTE.

Et quelle ?

SCAPIN.

Je l'ai trouvé tantôt tout triste de je ne sais quoi que vous lui avez dit, où vous m'avez mêlé assez mal à propos ; et, cherchant à divertir cette tristesse, nous nous sommes allés promener sur le port. Là, entre autres plusieurs choses, nous avons arrêté nos yeux sur une galère turque assez bien équipée. Un jeune Turc de bonne mine nous a invités d'y entrer et nous a présenté la main. Nous y avons passé ; il nous a fait mille civilités, nous a donné la collation, où nous avons mangé des fruits les plus excellents qui se puissent voir, et bu du vin que nous avons trouvé le meilleur du monde.

GÉRONTE.

Qu'y a-t-il de si affligeant à tout cela ?

SCAPIN.

Attendez, Monsieur, nous y voici. Pendant que
nous mangions, il a fait mettre la galère en mer,
et, se voyant éloigné du port, il m'a fait mettre
dans un esquif, et m'envoie vous dire que, si vous
ne lui envoyez par moi, tout à l'heure, cinq cents
écus, il va vous emmener votre fils en Alger.

GÉRONTE.

Comment, diantre ! cinq cents écus !

SCAPIN.

Oui, Monsieur ; et, de plus, il ne m'a donné
pour cela que deux heures.

GÉRONTE.

Ah ! le pendard de Turc ! m'assassiner de la
façon !

SCAPIN.

C'est à vous, Monsieur, d'aviser promptement
aux moyens de sauver des fers un fils que vous
aimez avec tant de tendresse.

GÉRONTE.

Que diable alloit-il faire dans cette galère ?

SCAPIN.

Il ne songeoit pas à ce qui est arrivé.

GÉRONTE.

Va-t'en, Scapin, va-t'en vite dire à ce Turc
que je vais envoyer la justice après lui.

SCAPIN.

La justice en pleine mer ! Vous moquez-vous
des gens ?

GÉRONTE.

Que diable alloit-il faire dans cette galère ?

SCAPIN.

Une méchante destinée conduit quelquefois les
personnes.

GÉRONTE.

Il faut, Scapin, il faut que tu fasses ici l'action
d'un serviteur fidèle.

SCAPIN.

Quoi, Monsieur ?

GÉRONTE.

Que tu ailles dire à ce Turc qu'il me renvoie
mon fils, et que tu te mets à sa place jusqu'à ce
que j'aie amassé la somme qu'il demande.

SCAPIN.

Eh ! Monsieur, songez-vous à ce que vous dites?
et vous figurez-vous que ce Turc ait si peu de
sens que d'aller recevoir un misérable comme moi
à la place de votre fils ?

GÉRONTE.

Que diable alloit-il faire dans cette galère ?

SCAPIN.

Il ne devinoit pas ce malheur. Songez, Mon=
sieur, qu'il ne m'a donné que deux heures.

GÉRONTE.

Tu dis qu'il demande...

SCAPIN.

Cinq cents écus.

GÉRONTE.

Cinq cents écus ! N'a-t-il point de conscience ?

SCAPIN.

Vraiment oui, de la conscience à un Turc !

GÉRONTE.

Sait-il bien ce que c'est que cinq cents écus ?

SCAPIN.

Oui, Monsieur ; il sait que c'est mille cinq cents livres.

GÉRONTE.

Croit-il, le traître, que mille cinq cents livres se trouvent dans le pas d'un cheval ?

SCAPIN.

Ce sont des gens qui n'entendent point de raison.

GÉRONTE.

Mais que diable alloit-il faire à cette galère ?

SCAPIN.

Il est vrai ; mais quoi ! on ne prévoyoit pas les choses. De grâce, Monsieur, dépêchez.

GÉRONTE.

Tiens, voilà la clef de mon armoire.

SCAPIN.

Bon.

GÉRONTE.

Tu l'ouvriras.

SCAPIN.

Fort bien.

GÉRONTE.

Tu trouveras une grosse clef du côté gauche, qui est celle de mon grenier.

SCAPIN.

Oui.

GÉRONTE.

Tu iras prendre toutes les hardes qui sont dans cette grande manne, et tu les vendras aux fripiers pour aller racheter mon fils.

SCAPIN, *en lui rendant la clef.*

Eh ! Monsieur, rêvez-vous ? Je n'aurois pas cent francs de tout ce que vous dites ; et, de plus, vous savez le peu de temps qu'on m'a donné.

GÉRONTE.

Mais que diable alloit-il faire à cette galère ?

SCAPIN.

Oh ! que de paroles perdues ! Laissez là cette galère, et songez que le temps presse, et que vous courez risque de perdre votre fils. Hélas ! mon pauvre maître, peut-être que je ne te verrai de ma vie, et qu'à l'heure que je parle on t'emmène esclave en Alger ! Mais le ciel me sera témoin que j'ai fait pour toi tout ce que j'ai pu ;

et que, si tu manques à être racheté, il n'en faut accuser que le peu d'amitié d'un père.

GÉRONTE.

Attends, Scapin, je m'en vais quérir cette somme.

SCAPIN.

Dépêchez donc vite, Monsieur; je tremble que l'heure ne sonne.

GÉRONTE.

N'est-ce pas quatre cents écus que tu dis?

SCAPIN.

Non, cinq cents écus.

GÉRONTE.

Cinq cents écus?

SCAPIN.

Oui.

GÉRONTE.

Que diable alloit-il faire à cette galère?

SCAPIN.

Vous avez raison. Mais hâtez-vous.

GÉRONTE.

N'y avoit-il point d'autre promenade?

SCAPIN.

Cela est vrai. Mais faites promptement.

GÉRONTE.

Ah! maudite galère!

SCAPIN, *à part.*

Cette galère lui tient au cœur.

GÉRONTE.

Tiens, Scapin, je ne me souvenois pas que je
viens justement de recevoir cette somme en or, et
je ne croyois pas qu'elle dût m'être si tôt ravie.
(*Il lui présente sa bourse, qu'il ne laisse pourtant
pas aller ; et, dans ses transports, il fait aller son
bras de côté et d'autre, et Scapin le sien pour avoir
la bourse.*) Tiens, va-t'en racheter mon fils.

SCAPIN.

Oui, Monsieur.

GÉRONTE.

Mais dis à ce Turc que c'est un scélérat.

SCAPIN.

Oui.

GÉRONTE.

Un infâme.

SCAPIN.

Oui.

GÉRONTE.

Un homme sans foi, un voleur.

SCAPIN.

Laissez-moi faire.

GÉRONTE.

Qu'il me tire cinq cents écus contre toute sorte
de droit.

SCAPIN.

Oui.

GÉRONTE.

Que je ne les lui donne ni à la mort, ni à la vie.

SCAPIN.

Fort bien.

GÉRONTE.

Et que, si jamais je l'attrape, je saurai me venger de lui.

SCAPIN.

Oui.

GÉRONTE *remet la bourse dans sa poche,*
et s'en va.

Va, va vite requérir mon fils.

SCAPIN, *allant après lui.*

Holà! Monsieur.

GÉRONTE.

Quoi?

SCAPIN.

Où est donc cet argent?

GÉRONTE.

Ne te l'ai-je pas donné?

SCAPIN.

Non vraiment; vous l'avez remis dans votre
poche.

GÉRONTE.

Ah! c'est la douleur qui me trouble l'esprit.

SCAPIN.

Je le vois bien.

GÉRONTE.

Que diable alloit-il faire dans cette galère ?
Ah ! maudite galère ! Traître de Turc à tous les
diables !

SCAPIN, seul.

Il ne peut digérer les cinq cents écus que je lui
arrache ; mais il n'est pas quitte envers moi, et je
veux qu'il me paye en une autre monnoie l'imposture qu'il m'a faite auprès de son fils.

SCÈNE VIII

OCTAVE, LÉANDRE, SCAPIN.

OCTAVE.

Hé bien ! Scapin, as-tu réussi pour moi dans
ton entreprise ?

LÉANDRE.

As-tu fait quelque chose pour tirer mon amour
de la peine où il est ?

SCAPIN, à Octave.

Voilà deux cents pistoles que j'ai tirées de votre
père.

OCTAVE.

Ah ! que tu me donnes de joie !

SCAPIN, à Léandre.

Pour vous, je n'ai pu faire rien.

LÉANDRE *veut s'en aller.*

Il faut donc que j'aille mourir ; et je n'ai que faire de vivre, si Zerbinette m'est ôtée.

SCAPIN.

Holà ! holà ! tout doucement. Comme diantre vous allez vite !

LÉANDRE *se retourne.*

Que veux-tu que je devienne ?

SCAPIN.

Allez, j'ai votre affaire ici.

LÉANDRE *revient.*

Ah ! tu me redonnes la vie.

SCAPIN.

Mais à condition que vous me permettrez, à moi, une petite vengeance contre votre père pour le tour qu'il m'a fait.

LÉANDRE.

Tout ce que tu voudras.

SCAPIN.

Vous me le promettez devant témoin ?

LÉANDRE.

Oui.

SCAPIN.

Tenez, voilà cinq cents écus.

LÉANDRE.

Allons en promptement acheter celle que j'adore.

ACTE III

SCÈNE PREMIÈRE

ZERBINETTE, HYACINTE, SCAPIN, SILVESTRE.

SILVESTRE.

Oui, vos amants ont arrêté entre eux que vous fussiez ensemble, et nous nous acquittons de l'ordre qu'ils nous ont donné.

HYACINTE.

Un tel ordre n'a rien qui ne me soit fort agréable. Je reçois avec joie une compagne de la sorte, et il ne tiendra pas à moi que l'amitié qui est entre les personnes que nous aimons ne se répande entre nous deux.

ZERBINETTE.

J'accepte la proposition, et ne suis point personne à reculer lors qu'on m'attaque d'amitié.

SCAPIN.

Et lors que c'est d'amour qu'on vous attaque?

ZERBINETTE.

Pour l'amour, c'est une autre chose: on y court un peu plus de risque, et je n'y suis pas si hardie.

SCAPIN.

Vous l'êtes, que je crois, contre mon maître maintenant; et ce qu'il vient de faire pour vous doit vous donner du cœur pour répondre comme il faut à sa passion.

ZERBINETTE.

Je ne m'y fie encore que de la bonne sorte; et ce n'est pas assez pour m'assurer entièrement, que ce qu'il vient de faire. J'ai l'humeur enjouée, et sans cesse je ris; mais, tout en riant, je suis sérieuse sur de certains chapitres; et ton maître s'abusera s'il croit qu'il lui suffise de m'avoir achetée pour me voir toute à lui. Il doit lui en coûter autre chose que de l'argent; et, pour répondre à son amour de la manière qu'il souhaite, il me faut un don de sa foi qui soit assaisonné de certaines cérémonies qu'on trouve nécessaires.

SCAPIN.

C'est là aussi comme il l'entend. Il ne prétend à vous qu'en tout bien et en tout honneur; et je

n'aurois pas été homme à me mêler de cette affaire s'il avoit une autre pensée.

ZERBINETTE.

C'est ce que je veux croire, puisque vous me le
dites ; mais, du côté du père, j'y prévois des em-
pêchements.

SCAPIN.

Nous trouverons moyen d'accommoder les
choses.

HYACINTE.

La ressemblance de nos destins doit contribuer
encore à faire naître notre amitié ; et nous nous
voyons toutes deux dans les mêmes alarmes, toutes
deux exposées à la même infortune.

ZERBINETTE.

Vous avez cet avantage, au moins, que vous savez de qui vous êtes née, et que l'appui de vos
parents, que vous pouvez faire connaître, est capable d'ajuster tout, peut assurer votre bonheur
et faire donner un consentement au mariage qu'on
trouve fait. Mais, pour moi, je ne rencontre aucun secours dans ce que je puis être, et l'on me
voit dans un état qui n'adoucira pas les volontés
d'un père qui ne regarde que le bien.

HYACINTE.

Mais aussi avez-vous cet avantage que l'on ne
tente point, par un autre parti, celui que vous
aimez.

ZERBINETTE.

Le changement du cœur d'un amant n'est pas
ce qu'on peut le plus craindre. On se peut natu-
rellement croire assez de mérite pour garder sa
conquête ; et ce que je vois de plus redoutable
dans ces sortes d'affaires, c'est la puissance paternelle, auprès de qui tout le mérite ne sert de rien.

HYACINTE.

Hélas ! pourquoi faut-il que de justes inclina-
tions se trouvent traversées ? La douce chose que
d'aimer, lors que l'on ne voit point d'obstacle à
ces aimables chaînes dont deux cœurs se lient
ensemble !

SCAPIN.

Vous vous moquez. La tranquillité en amour est
un calme désagréable. Un bonheur tout uni nous
devient ennuyeux ; il faut du haut et du bas dans
la vie, et les difficultés qui se mêlent aux choses
réveillent les ardeurs, augmentent les plaisirs.

ZERBINETTE.

Mon Dieu, Scapin, fais-nous un peu ce récit,
qu'on m'a dit qui est si plaisant, du stratagème
dont tu t'es avisé pour tirer de l'argent de ton
vieillard avare. Tu sais qu'on ne perd point sa
peine lors qu'on me fait un conte, et que je le
paye assez bien par la joie qu'on m'y voit
prendre.

SCAPIN.

Voilà Silvestre qui s’en acquittera aussi bien que moi. J’ai dans la tête certaine petite vengeance dont je vais goûter le plaisir.

SILVESTRE.

Pourquoi, de gaieté de cœur, veux-tu chercher à t’attirer de méchantes affaires ?

SCAPIN.

Je me plais à tenter des entreprises hasardeuses.

SILVESTRE.

Je te l’ai déjà dit, tu quitterois le dessein que tu as, si tu m’en voulois croire.

SCAPIN.

Oui, mais c’est moi que j’en croirai.

SILVESTRE.

A quoi diable te vas-tu amuser?

SCAPIN.

De quoi diable te mets-tu en peine?

SILVESTRE.

C’est que je vois que, sans nécessité, tu vas courir risque de t’attirer une venue de coups de bâton.

SCAPIN.

Hé bien, c’est aux dépens de mon dos, et non pas du tien.

SILVESTRE.

Il est vrai que tu es maître de tes épaules, et tu en disposeras comme il te plaira.

SCAPIN.

Ces sortes de périls ne m'ont jamais arrêté ; et je hais ces cœurs pusillanimes qui, pour trop prévoir les suites des choses, n'osent rien entreprendre.

ZERBINETTE, *à Scapin.*

Nous aurons besoin de tes soins.

SCAPIN.

Allez ; je vous irai bientôt rejoindre. Il ne sera pas dit qu'impunément on m'ait mis en état de me trahir moi-même, et de découvrir des secrets qu'il étoit bon qu'on ne sût pas.

SCÈNE II

GÉRONTE, SCAPIN.

GÉRONTE.

Hé bien, Scapin, comment va l'affaire de mon fils ?

SCAPIN.

Votre fils, Monsieur, est en lieu de sûreté ; mais vous courez maintenant, vous, le péril le plus

grand du monde, et je voudrois pour beaucoup
que vous fussiez dans votre logis.

GÉRONTE.

Comment donc?

SCAPIN.

A l'heure que je parle, on vous cherche de
toutes parts pour vous tuer.

GÉRONTE.

Moi?

SCAPIN.

Oui.

GÉRONTE.

Et qui?

SCAPIN.

Le frère de cette personne qu'Octave a épousée.
Il croit que le dessein que vous avez de mettre
votre fille à la place que tient sa sœur est ce qui
pousse le plus fort à faire rompre leur mariage;
et, dans cette pensée, il a résolu hautement de
décharger son désespoir sur vous, et vous ôter la
vie pour venger son honneur. Tous ses amis, gens
d'épée comme lui, vous cherchent de tous les
côtés et demandent de vos nouvelles. J'ai vu
même, deçà et delà, des soldats de sa compagnie
qui interrogent ceux qu'ils trouvent, et occupent
par pelotons toutes les avenues de votre maison.
De sorte que vous ne sauriez aller chez vous,

vous ne sauriez faire un pas, ni à droit ni à gauche,
que vous ne tombiez dans leurs mains.

GÉRONTE.

Que ferai-je, mon pauvre Scapin ?

SCAPIN.

Je ne sais pas, Monsieur, et voici une étrange
affaire. Je tremble pour vous depuis les pieds jusqu'à la tête, et... Attendez. (*Il se retourne et fait
semblant d'aller voir au bout du théâtre s'il n'y a
personne*).

GÉRONTE, *en tremblant.*

Eh ?

SCAPIN, *en revenant.*

Non, non, non, ce n'est rien.

GÉRONTE.

Ne saurois-tu trouver quelque moyen pour me
tirer de peine ?

SCAPIN.

J'en imagine bien un ; mais je courrois risque,
moi, de me faire assommer.

GÉRONTE.

Eh ! Scapin, montre-toi serviteur zélé. Ne m'a-
bandonne pas, je te prie.

SCAPIN.

Je le veux bien. J'ai une tendresse pour vous
qui ne sauroit souffrir que je vous laisse sans secours.

GÉRONTE.

Tu en seras récompensé, je t'assure ; et je te
promets cet habit-ci, quand je l'aurai un peu usé.

SCAPIN.

Attendez. Voici une affaire que je me suis trouvée fort à propos pour vous sauver. Il faut que
vous vous mettiez dans ce sac, et que...

GÉRONTE, *croyant voir quelqu'un.*

Ah !

SCAPIN.

Non, non, non, non, ce n'est personne. Il faut,
dis-je, que vous vous mettiez là dedans, et que
vous gardiez de remuer en aucune façon. Je vous
chargerai sur mon dos, comme un paquet de quelque chose, et je vous porterai ainsi, au travers de
vos ennemis, jusque dans votre maison, où, quand
nous serons une fois, nous pourrons nous barrica-
der et envoyer quérir main forte contre la violence.

GÉRONTE.

L'invention est bonne.

SCAPIN.

La meilleure du monde. Vous allez voir. (*A
part*) Tu me paieras l'imposture.

GÉRONTE.

Eh ?

SCAPIN.

Je dis que vos ennemis seront bien attrapés.

Mettez-vous bien jusqu'au fond, et surtout prenez garde de ne vous point montrer et de ne branler pas, quelque chose qui puisse arriver.

GÉRONTE.

Laisse-moi faire. Je saurai me tenir...

SCAPIN.

Cachez-vous ; voici un spadassin qui vous cherche. (*En contrefaisant sa voix.*) « Quoi ! jé n'aurai pas l'abantage dé tuer cé Géronte, et quelqu'un par charité né m'enseignera pas où il est ? » (*A Géronte, avec sa voix ordinaire.*) Ne branlez pas. (*Reprenant son ton contrefait.*) « Cadédis ! Jé lé trouberai, sé cachât-il au centre dé la terre. » (*A Géronte, avec son ton naturel.*) Ne vous montrez pas. (*Tout le langage gascon est supposé de celui qu'il contrefait, et le reste de lui.*) « Oh ! l'homme au sac ! — Monsieur. — Jé té vaille un louis, et m'enseigne où put être Géronte. — Vous cherchez le seigneur Géronte ? — Oui, mordi ! jé lé cherche. — Et pour quelle affaire, Monsieur ? — Pour quelle affaire ? — Oui. — Jé beux, cadédis ! lé faire mourir sous les coups dé vaton. — Oh ! Monsieur, les coups de bâton ne se donnent point à des gens comme lui, et ce n'est pas un homme à être traité de la sorte. — Qui, cé fat dé Géronte, cé maraud, cé vélître ? — Le seigneur Géronte, Monsieur, n'est ni fat, ni maraud, ni bélître ; et vous devriez, s'il vous plaît, parler d'autre

façon. — Comment! tu mé traites, à moi, avec
cette hautur? — Je défends, comme je dois, un
homme d'honneur qu'on offense. — Est-cé que
tu es des amis dé cé Géronte? — Oui, Monsieur,
j'en suis. — Ah! cadédis! tu es dé ses amis; à la
vonne hure! (*Il donne plusieurs coups de bâton sur
le sac.*) Tiens! boilà cé que jé té vaille pour lui.
— Ah! ah! ah! ah! Monsieur. Ah! ah! Monsieur, tout beau! Ah! doucement, ah! ah! ah!
— Va, porte-lui cela dé ma part. Adiusias. » Ah!
diable soit le Gascon! Ah! (*En se plaignant et
remuant le dos, comme s'il avait reçu les coups de
bâton.*)

GÉRONTE, *mettant la tête hors du sac.*

Ah! Scapin, je n'en puis plus.

SCAPIN.

Ah! Monsieur, je suis tout moulu, et les épaules
me font un mal épouvantable.

GÉRONTE.

Comment! c'est sur les miennes qu'il a
frappé.

SCAPIN.

Nenni, Monsieur, c'étoit sur mon dos qu'il
frappoit.

GÉRONTE.

Que veux-tu dire? j'ai bien senti les coups, et
les sens bien encore.

SCAPIN.

Non, vous dis-je; ce n'est que le bout du bâton qui a été jusque sur vos épaules.

GÉRONTE.

Tu devois donc te retirer un peu plus loin, pour m'épargner...

SCAPIN *lui remet la tête dans le sac.*

Prenez garde, en voici un autre qui a la mine d'un étranger. (*Cet endroit est de même que celui du Gascon pour le changement de langage et le jeu de théâtre.*) « Parti ! moi courir comme une Basque, et moi ne poufre point troufair de tout le jour sti tiable de Gironte. » Cachez-vous bien. « Dites-moi un peu, fous, Monsir l'homme, s'il fe plait, fous savoir point où l'est sti Gironte que moi cherchair ? » — Non, Monsieur, je ne sais point où est Géronte. — Dites-moi le, fous, franche-mente ; moi li fouloir pas grande chose à lui. L'est seulemente pour li donnair un petite régale sur le dos d'un douzaine de coups de bâtonne, et de trois ou quatre petites coups d'épée au trafers de son poitrine. — Je vous assure, Monsieur, que je ne sais pas où il est. — Il me semble que j'y foi remuair quelque chose dans sti sac. — Par-donnez-moi, Monsieur. — Li est assurément quelque histoire là tetans. — Point du tout, Mon-sieur. — Moi l'avoir enfie de tonnair ain coup

d'épée dans ste sac. — Ah! Monsieur, gardez-
vous-en bien. — Montre-le-moi un peu, fous, ce
que c'être là. — Tout beau, Monsieur. — Que-
ment, tout beau? — Vous n'avez que faire de
vouloir voir ce que je porte. — Et moi je le fouloir foir, moi. — Vous ne le verrez point. —
Ahi! que de badinemente! — Ce sont hardes qui
m'appartiennent. — Montre-moi, fous, te dis-je.
— Je n'en ferai rien. — Toi ne faire rien? — Non.
— Moi paillair de ste bâtonne dessus les épaules
de toi. — Je me moque de cela. — Ah! toi faire
le trôle! — [*Donnant des coups de bâton sur le sac
et criant comme s'il les recevait.*] Ahi! ahi! ahi!
ah! Monsieur, ah! ah! ah! ah! — Jusqu'au re-
foir. L'être là un petit leçon pour li apprendre à
toi à parlair insolentemente. » Ah! peste soit du
baragouineux! Ah!

GÉRONTE, *sortant sa tête du sac.*

Ah! je suis roué.

SCAPIN.

Ah! je suis mort.

GÉRONTE.

Pourquoi diantre faut-il qu'ils frappent sur mon
dos?

SCAPIN, *lui remettant sa tête dans le sac.*

Prenez garde, voici une demi-douzaine de soldats tout ensemble. (*Il contrefait plusieurs personnes*

ensemble.) « Allons, tâchons à trouver ce Géronte,
cherchons partout. N'épargnons point nos pas.
Courons toute la ville. N'oublions aucun lieu. Vi-
sitons tout. Furetons de tous les côtés. Par où
irons-nous ? Tournons par là. Non, par ici. A
gauche. A droit. Nenni. Si fait. » Cachez-vous
bien. « Ah ! camarades, voici son valet. Allons,
coquin, il faut que tu nous enseignes où est ton
maître. — Eh ! Messieurs, ne me maltraitez
point. — Allons, dis-nous où il est. Parle. Hâte-
toi. Expédions. Dépêche vite. Tôt. — Eh ! Messieurs, doucement. (*Géronte met doucement la tête
hors du sac et aperçoit la fourberie de Scapin.*) —
Si tu ne nous fais trouver ton maître tout à
l'heure, nous allons faire pleuvoir sur toi une
ondée de coups de bâton. — J'aime mieux souffrir toute chose que de vous découvrir mon
maître. — Nous allons t'assommer. — Faites tout
ce qu'il vous plaira. — Tu as envie d'être battu ?
— Je ne trahirai point mon maître. — Ah ! tu en
veux tâter ? Voilà... — Oh ! (*Comme il est prêt
de frapper, Géronte sort du sac, et Scapin s'enfuit.*)

GÉRONTE.

Ah ! infâme ! ah ! traître ! ah ! scélérat ! C'est
ainsi que tu m'assassines !

SCÈNE III

ZERBINETTE, GÉRONTE.

ZERBINETTE, *riant, sans voir Géronte.*
Ah ! ah ! je veux prendre un peu l'air.

GÉRONTE, *à part, sans voir Zerbinette.*
Tu me le paieras, je te jure.

ZERBINETTE, [*sans voir Géronte*].
Ah ! ah ! ah ! ah ! la plaisante histoire, et la bonne dupe que ce vieillard !

GÉRONTE.
Il n'y a rien de plaisant à cela, et vous n'avez que faire d'en rire.

ZERBINETTE.
Quoi ? que voulez-vous dire, Monsieur ?

GÉRONTE.
Je veux dire que vous ne devez pas vous moquer de moi.

ZERBINETTE.
De vous ?

GÉRONTE.
Oui.

ZERBINETTE.
Comment ? qui songe à se moquer de vous ?

GÉRONTE.

Pourquoi venez-vous ici me rire au nez ?

ZERBINETTE.

Cela ne vous regarde point, et je ris toute seule
d'un conte qu'on vient de me faire, le plus plaisant qu'on puisse entendre. Je ne sais pas si c'est
parce que je suis intéressée dans la chose, mais je
n'ai jamais trouvé rien de si drôle qu'un tour qui
vient d'être joué par un fils à son père, pour en
attraper de l'argent.

GÉRONTE.

Par un fils à son père, pour en attraper de
l'argent ?

ZERBINETTE.

Oui. Pour peu que vous me pressiez, vous me
trouverez assez disposée à vous dire l'affaire, et
j'ai une démangeaison naturelle à faire part des
contes que je sais.

GÉRONTE.

Je vous prie de me dire cette histoire.

ZERBINETTE.

Je le veux bien. Je ne risquerai pas grand'chose
à vous la dire, et c'est une aventure qui n'est pas
pour être longtemps secrète. La destinée a voulu
que je me trouvasse parmi une bande de ces personnes qu'on appelle Egyptiens, et qui, rôdant de
province en province, se mêlent de dire la bonne
fortune, et quelquefois de beaucoup d'autres

choses. En arrivant dans cette ville, un jeune
homme me vit et conçut pour moi de l'amour.
Dès ce moment, il s'attache à mes pas, et le voilà
d'abord comme tous les jeunes gens, qui croient
qu'il n'y a qu'à parler, et qu'au moindre mot
qu'ils nous disent, leurs affaires sont faites ; mais il
trouva une fierté qui lui fit un peu corriger ses
premières pensées. Il fit connoître sa passion aux
gens qui me tenoient, et il les trouva disposés à
à me laisser à lui moyennant quelque somme:
Mais le mal de l'affaire étoit que mon amant se
trouvoit dans l'état où l'on voit très souvent la plu-
part des fils de famille, c'est-à-dire qu'il étoit un
peu dénué d'argent ; il a un père qui, quoique
riche, est un avaricieux fieffé, le plus vilain homme
du monde. Attendez. Ne me saurois-je souvenir
de son nom ? Haye ! Aidez-moi un peu. Ne
pouvez-vous me nommer quelqu'un de cette ville
qui soit connu pour être avare au dernier point ?

GÉRONTE.

Non.

ZERBINETTE.

Il y a à son nom du ron... ronte. Or... Oronte.
Non. Gé... Géronte. Oui, Géronte, justement ;
voilà mon vilain, je l'ai trouvé, c'est ce ladre-là
que je dis. Pour venir à notre conte, nos gens ont
voulu aujourd'hui partir de cette ville ; et mon
amant m'alloit perdre, faute d'argent, si, pour en

tirer de son père, il n'avoit trouvé du secours dans
l'industrie d'un serviteur qu'il a. Pour le nom du
serviteur, je le sais à merveille : il s'appelle Scapin;
c'est un homme incomparable, et il mérite toutes
les louanges qu'on peut donner.

Géronte, à part.

Ah ! coquin que tu es !

Zerbinette.

Voici le stratagème dont il s'est servi pour
attraper sa dupe. Ah ! ah ! ah ! ah ! Je ne saurois
m'en souvenir que je ne rie de tout mon cœur.
Ah ! ah ! ah ! Il est allé trouver ce chien d'avare,
ah ! ah ! ah ! et lui a dit qu'en se promenant sur le
port avec son fils, hi ! hi ! ils avoient vu une galère turque où on les avoit invités d'entrer; qu'un
jeune Turc leur y avoit donné la collation, ah !
que, tandis qu'ils mangeoient, on avoit mis la galère en mer, et que le Turc l'avoit renvoyé lui
seul à terre dans un esquif, avec ordre de dire au
père de son maître qu'il emmenoit son fils en Alger
s'il ne lui envoyoit tout à l'heure cinq cents écus.
Ah ! ah ! ah ! Voilà mon ladre, mon vilain dans
de furieuses angoisses; et la tendresse qu'il a pour
son fils fait un combat étrange avec son avarice.
Cinq cents écus qu'on lui demande sont justement
cinq cents coups de poignard qu'on lui donne.
Ah ! ah ! ah ! Il ne peut se résoudre à tirer cette
somme de ses entrailles, et la peine qu'il souffre

lui fait trouver cent moyens ridicules pour ravoir
son fils. Ah ! ah ! ah ! Il veut envoyer la justice en
mer après la galère du Turc. Ah ! ah ! ah ! Il sol-
licite son valet de s'aller offrir à tenir la place de son
fils jusqu'à ce qu'il ait amassé l'argent qu'il n'a
pas envie de donner. Ah ! ah ! ah ! Il abandonne,
pour faire les cinq cents écus, quatre ou cinq
vieux habits qui n'en valent pas trente. Ah ! ah !
ah ! Le valet lui fait comprendre à tous coups l'im-
pertinence de ses propositions, et chaque réflexion
est douloureusement accompagné d'un : « Mais
que diable alloit-il faire à cette galère ? Ah ! maudite galère ! Traître de Turc ! » Enfin, après plusieurs détours, après avoir longtemps gémi et
soupiré... Mais il me semble que vous ne riez
point de mon conte. Qu'en dites-vous ?

GÉRONTE.

Je dis que le jeune homme est un pendard, un
insolent, qui sera puni par son père du tour qu'il
lui a fait ; que l'Égyptienne est une malavisée, une
impertinente, de dire des injures à un homme
d'honneur, qui saura lui apprendre à venir ici dé-
baucher les enfants de famille ; et que le valet est
un scélérat, qui sera par Géronte envoyé au gibet
avant qu'il soit demain.

SCÈNE IV

SILVESTRE, ZERBINETTE.

SILVESTRE.

Où est-ce donc que vous vous échappez ? Savez-vous bien que vous venez de parler là au père de votre amant ?

ZERBINETTE.

Je viens de m'en douter, et je me suis adressée à lui-même, sans y penser, pour lui conter son histoire.

SILVESTRE.

Comment, son histoire ?

ZERBINETTE.

Oui, j'étois toute remplie du conte, et je brûlois de le redire. Mais qu'importe ? Tant pis pour lui. Je ne vois pas que les choses, pour nous, en puissent être ni pis ni mieux.

SILVESTRE.

Vous aviez grande envie de babiller; et c'est avoir bien de la langue que de ne pouvoir se taire de ses propres affaires.

ZERBINETTE.

N'auroit-il pas appris cela de quelque autre ?

SCÈNE V

ARGANTE, SILVESTRE.

ARGANTE.

Holà ! Silvestre.

SILVESTRE, à *Zerbinette*.

Rentrez dans la maison. Voilà mon maître qui m'appelle.

ARGANTE.

Vous vous êtes donc accordés, coquin ; vous vous êtes accordés, Scapin, vous et mon fils, pour me fourber, et vous croyez que je l'endure ?

SILVESTRE.

Ma foi, Monsieur, si Scapin vous fourbe, je m'en lave les mains, et vous assure que je n'y trempe en aucune façon.

ARGANTE.

Nous verrons cette affaire, pendard, nous verrons cette affaire ; et je ne prétends pas qu'on me fasse passer la plume par le bec.

SCÈNE VI

GÉRONTE, ARGANTE, SILVESTRE.

GÉRONTE.

Ah ! Seigneur Argante, vous me voyez accablé de disgrâce.

ARGANTE.

Vous me voyez aussi dans un accablement horrible.

GÉRONTE.

Le pendard de Scapin, par une fourberie, m'a attrapé cinq cents écus.

ARGANTE.

Le même pendard de Scapin, par une fourberie aussi, m'a attrapé deux cents pistoles.

GÉRONTE.

Il ne s'est pas contenté de m'attraper cinq cents écus ; il m'a traité d'une manière que j'ai honte de dire. Mais il me la payera.

ARGANTE.

Je veux qu'il me fasse raison de la pièce qu'il m'a jouée.

GÉRONTE.

Et je prétends faire de lui une vengeance exemplaire.

Scapin.  13

SILVESTRE, *à part.*

Plaise au ciel que, dans tout ceci, je n'aie point ma part !

GÉRONTE.

Mais ce n'est pas encore tout, seigneur Argante, et un malheur nous est toujours l'avant-coureur d'un autre. Je me réjouissois aujourd'hui de l'espérance d'avoir ma fille, dont je faisois toute ma consolation ; et je viens d'apprendre de mon homme qu'elle est partie il y a long temps de Tarente, et qu'on y croit qu'elle a péri dans le vaisseau où elle s'embarqua.

ARGANTE.

Mais pourquoi, s'il vous plaît, la tenir à Tarente, et ne vous être pas donné la joie de l'avoir avec vous ?

GÉRONTE.

J'ai eu mes raisons pour cela, et des intérêts de famille m'ont obligé jusques ici à tenir fort secret ce second mariage. Mais que vois-je ?

SCÈNE VII

NÉRINE, ARGANTE, GÉRONTE, SILVESTRE.

GÉRONTE.

Ah ! te voilà, nourrice ?

NÉRINE, *se jetant à ses genoux.*

Ah ! Seigneur Pandolphe, que...

GÉRONTE.

Appelle-moi Géronte, et ne te sers plus de ce
nom. Les raisons ont cessé qui m'avoient obligé
à le prendre parmi vous à Tarente.

NÉRINE.

Las ! que ce changement de nom nous a causé
de troubles et d'inquiétudes dans les soins que
nous avons pris de vous venir chercher ici !

GÉRONTE.

Où est ma fille, et sa mère ?

NÉRINE.

Votre fille, Monsieur, n'est pas loin d'ici.
Mais, avant de vous la faire voir, il faut que je
vous demande pardon de l'avoir mariée, dans l'a-
bandonnement où, faute de vous rencontrer, je
me suis trouvée avec elle.

GÉRONTE.

Ma fille mariée !

NÉRINE.

Oui, Monsieur.

GÉRONTE.

Et avec qui ?

NÉRINE.

Avec un jeune homme nommé Octave, fils d'un
certain seigneur Argante.

GÉRONTE.

O Ciel !

ARGANTE.

Quelle rencontre !

GÉRONTE.

Mène-nous, mène-nous promptement où elle est.

NÉRINE.

Vous n'avez qu'à entrer dans ce logis.

GÉRONTE.

Passe devant. Suivez-moi, suivez-moi, Seigneur
Argante.

SILVESTRE, *seul.*

Voilà une aventure qui est tout à fait surpre-
nante !

SCÈNE VIII

SCAPIN, SILVESTRE.

SCAPIN.

Hé bien, Silvestre, que font nos gens ?

SILVESTRE.

J'ai deux avis à te donner. L'un, que l'affaire
d'Octave est accommodée. Notre Hyacinte s'est
trouvée la fille du seigneur Géronte ; et le hasard
a fait ce que la prudence des pères avoit délibéré.
L'autre avis, c'est que les deux vieillards font

contre toi des menaces épouvantables, et surtout
le seigneur Géronte.

SCAPIN.

Cela n'est rien. Les menaces ne m'ont jamais
fait mal, et ce sont des nuées qui passent bien
loin sur nos têtes.

SILVESTRE.

Prends garde à toi ; les fils se pourroient bien
raccommoder avec les pères, et toi demeurer dans
la nasse.

SCAPIN.

Laisse-moi faire, je trouverai moyen d'apaiser
leur courroux, et...

SILVESTRE.

Retire-toi, les voilà qui sortent.

SCÈNE IX

GÉRONTE, ARGANTE, SILVESTRE, NÉRINE, HYACINTE.

GÉRONTE.

Allons, ma fille, venez chez moi. Ma joie auroit été parfaite si j'y avois pu voir votre mère
avec vous.

ARGANTE.

Voici Octave tout à propos.

SCÈNE X

OCTAVE, ARGANTE, GÉRONTE, HYACINTE, NÉRINE, ZERBINETTE, SILVESTRE.

ARGANTE.

Venez, mon fils, venez vous réjouir avec nous de l'heureuse aventure de votre mariage. Le ciel...

OCTAVE, *sans voir Hyacinte.*

Non, mon père, toutes vos propositions de mariage ne serviront de rien. Je dois lever le masque avec vous, et l'on vous a dit mon engagement.

ARGANTE.

Oui ; mais tu ne sais pas...

OCTAVE.

Je sais tout ce qu'il faut savoir.

ARGANTE.

Je te veux dire que la fille du seigneur Géronte...

OCTAVE.

La fille du seigneur Géronte ne me sera jamais de rien.

GÉRONTE.

C'est elle...

OCTAVE.

Non, Monsieur, je vous demande pardon, mes résolutions sont prises.

SILVESTRE, *à Octave.*

Écoutez...

OCTAVE.

Non, tais-toi, je n'écoute rien.

ARGANTE.

Ta femme...

OCTAVE.

Non, vous dis-je, mon père, je mourrai plutôt que de quitter mon aimable Hyacinte. (*Traversant le théâtre pour aller à elle.*) Oui, vous avez beau faire, la voilà celle à qui ma foi est engagée ; je l'aimerai toute ma vie, et je ne veux point d'autre femme.

ARGANTE.

Hé bien, c'est elle qu'on te donne. Quel diable d'étourdi, qui suit toujours sa pointe !

HYACINTE.

Oui, Octave, voilà mon père que j'ai trouvé, et nous nous voyons hors de peine.

GÉRONTE.

Allons chez moi, nous serons mieux qu'ici pour nous entretenir.

HYACINTE, *montrant Zerbinette.*

Ah ! mon père, je vous demande par grâce que je ne sois point séparée de l'aimable personne que vous voyez : elle a un mérite qui vous fera concevoir de l'estime pour elle, quand il sera connu de vous.

GÉRONTE.

Tu veux que je tienne chez moi une personne qui est aimée de ton frère, et qui m'a dit tantôt au nez mille sottises de moi-même !

ZERBINETTE.

Monsieur, je vous prie de m'excuser. Je n'aurois pas parlé de la sorte si j'avois su que c'étoit vous, et je ne vous connoissois que de réputation.

GÉRONTE.

Comment ! que de réputation ?

HYACINTE.

Mon père, la passion que mon frère a pour elle n'a rien de criminel, et je réponds de sa vertu.

GÉRONTE.

Voilà qui est fort bien. Ne voudroit-on point que je mariasse mon fils avec elle ? Une fille inconnue, qui fait le métier de coureuse !

SCÈNE XI

LÉANDRE, OCTAVE, HYACINTE, ZERBINETTE, ARGANTE, GÉRONTE, SILVESTRE, NÉRINE.

LÉANDRE.

Mon père, ne vous plaignez point que j'aime

une inconnue sans naissance et sans bien. Ceux
de qui je l'ai rachetée viennent de me découvrir
qu'elle est de cette ville, et d'honnête famille ; que
ce sont eux qui l'y ont dérobée à l'âge de quatre
ans ; et voici un bracelet, qu'ils m'ont donné, qui
pourra nous aider à trouver ses parents.

ARGANTE.

Hélas ! à voir ce bracelet, c'est ma fille, que je
perdis à l'âge que vous dites.

GÉRONTE.

Votre fille ?

ARGANTE.

Oui, ce l'est, et j'y vois tous les traits qui m'en
peuvent rendre assuré.

HYACINTE.

O Ciel ! que d'aventures extraordinaires !

SCÈNE XII

CARLE, LÉANDRE, OCTAVE, GÉRONTE,
ARGANTE, HYACINTE, ZERBINETTE,
SILVESTRE, NÉRINE.

CARLE.

Ah ! Messieurs, il vient d'arriver un accident
étrange.

GÉRONTE.

Quoi ?

CARLE.

Le pauvre Scapin...

GÉRONTE.

C'est un coquin que je veux faire pendre.

CARLE.

Hélas ! Monsieur, vous ne serez pas en peine de cela. En passant contre un bâtiment, il lui est tombé sur la tête un marteau de tailleur de pierre, qui lui a brisé l'os et découvert toute la cervelle. Il se meurt, et il a prié qu'on l'apportât ici, pour vous pouvoir parler avant que de mourir.

ARGANTE.

Où est-il ?

CARLE.

Le voilà.

SCÈNE DERNIÈRE

SCAPIN, CARLE, GÉRONTE, ARGANTE, ETC.

SCAPIN, *apporté par deux hommes, et la tête entourée de linges, comme s'il avoit été bien blessé.*

Ahi ! ahi ! Messieurs, vous me voyez... ahi !

vous me voyez dans un étrange état. Ahi ! Je n'ai
pas voulu mourir sans venir demander pardon à
toutes les personnes que je puis avoir offensées.
Ahi ! Oui, Messieurs, avant que de rendre le dernier soupir, je vous conjure de tout mon cœur de
vouloir me pardonner tout ce que je puis vous
avoir fait, et principalement le seigneur Argante
et le seigneur Géronte. Ahi !

ARGANTE.

Pour moi, je te pardonne ; va, meurs en repos.

SCAPIN, à *Géronte*.

C'est vous, Monsieur, que j'ai le plus offensé
par les coups de bâton que...

GÉRONTE.

Ne parle point davantage, je te pardonne aussi.

SCAPIN.

Ç'a été une témérité bien grande à moi, que
les coups de bâton que je...

GÉRONTE.

Laissons cela.

SCAPIN.

J'ai, en mourant, une douleur inconcevable des
coups de bâton que...

GÉRONTE.

Mon Dieu, tais-toi.

SCAPIN.

Les malheureux coups de bâton que je vous...

GÉRONTE.

Tais-toi, te dis-je ; j'oublie tout.

SCAPIN.

Hélas ! quelle bonté ! Mais est-ce de bon cœur, Monsieur, que vous me pardonnez ces coups de bâton que...

GÉRONTE.

Eh ! oui. Ne parlons plus de rien ; je te pardonne tout, voilà qui est fait.

SCAPIN.

Ah ! Monsieur, je me sens tout soulagé depuis cette parole.

GÉRONTE.

Oui ; mais je te pardonne à la charge que tu mourras.

SCAPIN.

Comment, Monsieur ?

GÉRONTE.

Je me dédis de ma parole si tu réchappes.

SCAPIN.

Ahi ! Ahi ! Voilà mes foiblesses qui me reprennent.

ARGANTE.

Seigneur Géronte, en faveur de notre joie, il faut lui pardonner sans condition.

GÉRONTE.

Soit.

ARGANTE.

Allons souper ensemble pour mieux goûter notre
plaisir.

SCAPIN.

Et moi, qu'on me porte au bout de la table,
en attendant que je meure.

NOTES

ACTE PREMIER.

P. 5, l. 4. *Ah! parle si tu veux.* Cf. *la Sœur*, de Rotrou (I, 1).

— 27. *J'ai bien la mine de payer.* « Des yeux qui ont *la mine* d'être de fort mauvais garçons » (*Précieuses Ridicules*, sc. x). — « Monsieur a toute *la mine* d'être un fort bon mari » (*Mariage forcé*, sc. xii). — « Vous avez *la mine* d'avoir quelque tenture qui vous incommode » (*Amour médecin*, sc. 1).

7, 21. *Homme consolatif.* Mot employé par Alain Chartier, J. Bouchet, le cardinal de Retz et Pascal.

9, 18. *Une jeune Égyptienne.* Bohémienne.

— 26. *Il ne m'entretenait que d'elle chaque jour.* A la représentation, les six lignes suivantes sont coupées, jusqu'à « et me blâmait sans cesse ».

10, 17. *Quelque chose de pitoyable.* Digne de pitié, qui excite la pitié.

— 26. *Qui faisait des regrets.* « Comment, bourreau ! tu *fais* des cris ? » dit Mercure dans *Amphitryon* (I, 2).

— 27. *Toute fondante en larmes.* Racine venait de dire, dans *Andromaque* (IV, 5) :

« *Pleurante* après son char vous voulez qu'on me voie. »

11, 6. *Des brassières de nuit.* Petite camisole.

— 7. *Simple futaine.* Étoffe grossière de fil et coton.

— 8. *Cornette jaune.* Petite coiffure négligée : « Je me fais des *cornettes* », dit Agnès dans l'*École des Femmes* (I, 4).

13, 7. *Il consulte dans sa tête.* Il délibère. Cf. *Psyché* (I, 2) :

« Est-ce que l'on *consulte* au moment qu'on s'enflamme ? »

14, 1. *Te voilà grand et gros.* La Thorillière le père, qui créa le personnage de Silvestre, était grand et fort bel homme ; Champmeslé, qui lui succéda dans ce rôle, était extrêmement gros.

— 5. *Peste soit du butor.* Lourdaud, stupide, maladroit.

— 7. *Joués par dessous la jambe.* Sans peine, facilement, comme le joueur de paume, qui joue sous jambe avec une mazette.

17, 2. *Elle n'est point tant sotte.* « Voilà une malade qui n'est pas *tant* dégoûtante » (*Médecin malgré lui*, II, 6).

A la représentation, on coupe depuis : « Mais que vois-je ? » jusqu'à : « Voici un homme ».

18, 10. *Il ne prenne le pied de vous mener.* Il ne se mette sur le pied de vous mener.

25, 22. *Fait des fredaines.* Folies de jeunesse. Molière a employé ce mot dans l'*École des Femmes* (III, 2), le *Médecin malgré lui* (I, 1), l'*Avare* (III, 1) et les *Femmes Savantes* (II, 2).

— 25. *Vous faisiez de votre drôle.* « J'ai fait de mon *drôle* comme un autre » (*Princesse d'Élide*, II, 2). Du teuton *droll*, d'où l'on a fait aussi le mot drille.

26, 3. *Tenu à la galanterie.* Variante de tradition : à la bagatelle.

27 à 31. *Il le fera ou je le déshériterai* à *Finissons ce discours.* Toute cette partie du dialogue, si vive et si plaisante, a été supprimée dans l'édition de 1682, comme reproduite dans le *Malade Imaginaire* (I, 5).

32, 1. *Un personnage dont j'ai besoin.* Les comédiens ajoutent ici : « Il faudrait qu'il eût la mine d'un coquin ».

— 5. *Marche un peu en roi de théâtre.* En roi de l'hôtel de Bourgogne, s'entend : comme marchait le gros Montfleury. Il n'en est pas moins plaisant d'observer que le conseil s'adressait ici à La Thorillière, qui jouait précisément les rois de tragédie au Palais-Royal, et, plus tard, à Champmeslé, qui tint le même emploi à Guénegaud et à l'Ancienne-Comédie de la rue des Fossés.

ACTE DEUXIÈME.

34, 19. *Morigéné.* Ou, selon d'autres éditions, *moriginé.* De *mores,* mœurs, et *gignere* (genui, genitum), produire ; former aux bonnes mœurs, réprimander, gourmander.

35, 14. *Gloser.* Critiquer.

« Et prend droit de *gloser* sur tous tant que nous sommes. »
                                        (*Tartuffe,* I, 2.)

— 15. Rien qui *cloche.* Qui boîte, qui soit défectueux.

41, 20. *Petit quartaut de vin d'Espagne.* Le quart d'un muid. — Chappuzeau nous apprend que la « distributrice des douces liqueurs », qui tenait à la Comédie la loge de la limonade, vendait, l'hiver, pour réchauffer l'estomac, des *vins d'Espagne,* de la Ciudad, de Rivesalte et de Saint-Laurens (*Le Théâtre françois,* p. 152 de l'édition Monval).

43, 26. *Loup-garou.* Sorte d'esprit malin, de sorcier, épouvantail des enfants.

Scapin.   15

44, 13. *Comme vous aviez de coutume.* « J'ai toujours *de* coutume de parler quand je peins », dit le galant Adraste dans le *Sicilien* (sc. XI, p. 3o, l. 3).

49, 2. 2oo *pistoles.* Deux mille livres.

5o, 21. *Une parole d'un ancien.* C'est Térence.

51, 2. *Pour peu qu'un père de famille...* Imité du *Phormio* (II, 1).

— 13. *Étrivières.* Courroies, lanières dont on fouettait les esclaves dans l'ancienne Rome.

52, 13. *Braves de profession.* Bravo, bretteur, spadassin.

53, 22. *Au temps que je dois partir pour l'armée.*
« Au temps *que* la chanvre se sème »,
dit La Fontaine dans *l'Hirondelle et les petits oiseaux.*

— 25. *Un cheval de service.* Pour l'usage personnel du cavalier.

55, 22. *Pas seulement un âne.* Les comédiens disent : un *petit* âne, en baissant la main à un pied du sol.

56, 22. *Vous aurez paré tout cela.* Écarté, esquivé, comme on pare un coup en escrime.

57, 26. *Pour le contrôle.* L'enregistrement.

— — *Présentation.* Constitution de procureur.

58, 2. *Droit de retirer le sac.* On mettait alors les pièces de procédure dans des sacs. Voir les *Plaideurs,* où le juge Dandin en a « jusques aux jarretières ».

— — *Grosses d'écritures.* Copies ou expéditions grossoyées.

— 4. *Épices de conclusion.* Dans le principe, les épices furent des boîtes de dragées ou de confitures que les parties offraient aux juges pour les remercier. Peu à peu ces cadeaux devinrent un droit, et furent bientôt convertis en argent.

—. 5. *Façon d'appointement.* Rédaction du jugement préparatoire.

— 28. *Si j'étais que de vous.* Si essem quod de te.
Cf. M. Josse dans *l'Amour médecin* (sc. 1).

« Je ne souffrirais point, *si j'étais que de vous* », dit Armande dans les *Femmes Savantes* (IV, 2). Voir encore le *Malade Imaginaire* (II, 7, et III, 3, 14).

59, 21. *Par la ventre.* Abréviation de : par la ventrebleu ! comme à la page suivante, l. 7, par *la sang*, veut dire par la sambleu.

60, 4. *Ce père d'Octave a du cœur.* Au théâtre, Scapin ajoute ce lazzi : « Ne tremblez donc pas comme ça » ; et quand il a dit : « Ce n'est pas lui, monsieur, ce n'est pas lui », Argante ajoute : « Ce n'est pas moi, monsieur, ce n'est pas moi. »

— 17. *Son ennemi capital.* Ennemi juré, *capitalis inimicus* (Plaute). — « Surtout, il était *ennemi capital* des Espagnols. » (*Histoire des Révolutions de Naples*, par le comte de Modène, 2ᵉ partie, 1667, p. 120.)

64, 19. *O ciel ! ô disgrâce imprévue !* Molière s'est servi de ce jeu de scène, emprunté à l'ancien théâtre, dans *l'Amour médecin* (I, 6), *Monsieur de Pourceaugnac* (III, 6), et le *Malade Imaginaire* (III, 12 et 13).

66, 15. *Divertir cette tristesse.* Dissiper, distraire (*avertere*).

67, 7. *En Alger.* Pour éviter l'hiatus : à Alger.

« Je serai marié, si l'on veut, *en Alger.* »
(Corneille, *le Menteur,* v. 1712.)

De même, on dit : *en* Avignon.

— 21. *Que diable allait-il faire dans cette galère ?* Cette répétition si comique, et qui est passée proverbe, se trouve dans le *Pédant joué* de Cyrano Bergerac, imprimé pour la première fois en 1654.

73, 12. *Va requérir mon fils.* Réclamer (*requirere*).

75, 26. *Celle que j'adore.* Pour terminer l'acte sur un effet personnel, Scapin arrête les amoureux d'un geste qui signifie : « Pas si vite ! » et il ajoute : « Après moi, Messieurs, après moi : honneur à la fourberie ! »
Je ne juge pas cette tradition, je l'enregistre.

ACTE TROISIÈME.

80, 82. *Une venue de coups de bâton.* Une récolte, une provision (*proventus*). Remarquons que *ventus* veut dire aussi orage et tempête.

85, 2. *Ne branler pas.* Bouger, grouiller.

87, 11. *Courir comme un Basque.* Les gens du pays de Biscaye sont sveltes et fort agiles.

88, 17. *Peste soit du baragouineux.* « Deux carognes de baragouineuses », dit Pourceaugnac à l'acte II, sc. 12.

91, 28. *Dire la bonne fortune.* La bonne aventure.

92, 15. *Le plus vilain homme.* Le plus ladre, le plus avare.

96, 19. *Passer la plume par le bec.* Traiter comme un oison qu'on empêche de franchir les haies en le bridant, c'est-à-dire en lui passant une plume dans les trous du bec. La Mésengère donne une autre explication.

« Je lui ai bien passé la plume par le bec. »
(*Comédie des Proverbes*, II, 3.)

101, 10. *Demeurer dans la nasse.* Piège à poissons, généralement en osier.

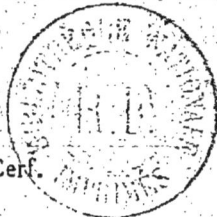

G. M.

Imp. Jouaust, L. Cerf.

LES PIÈCES DE MOLIÈRE

PUBLIÉES SÉPARÉMENT

Avec Dessins de Louis Leloir, gravés par Champollion

NOTICES ET NOTES PAR AUG. VITU ET G. MONVAL

EN VENTE : *L'Étourdi*, 6 fr. — *Dépit amoureux*, 6 fr. — *Les Précieuses ridicules*, 4 fr. 50. — *Sganarelle, ou le Cocu imaginaire*, 4 fr. 50. — *Dom Garcie de Navarre*, 5 fr. 50. — *L'École des Maris*, 5 fr. — *Les Fâcheux*, 5 fr. — *L'École des Femmes*, 6 fr. — *La Critique de l'École des Femmes*, 5 fr. — *L'Impromptu de Versailles*, 4 fr. 50. — *Le Mariage forcé*, 5 fr. — *La Princesse d'Élide*, 5 fr. — *Dom Juan*, 6 fr. — *L'Amour médecin*, 5 fr. — *Le Misanthrope*, 6 fr. 50. — *Le Médecin malgré lui*, 5 fr. — *Mélicerte*, 4 fr. 50. — *Le Sicilien*, 4 fr. 50. — *Amphitryon*, 6 fr. — *George Dandin*, 6 fr. — *L'Avare*, 8 fr. — *Tartuffe*, 7 fr. 50. — *Monsieur de Pourceaugnac*, 6 fr. — *Les Amants magnifiques*, 6 fr. — *Le Bourgeois Gentilhomme*, 8 fr. 50. — *Psyché*, 6 fr. 50.

SOUS PRESSE : *La Comtesse d'Escarbagnas*.

DANS LE MÊME FORMAT

PETITE BIBLIOTHÈQUE ARTISTIQUE

Derniers ouvrages publiés :

CONTES DE LA FONTAINE, dessins d'ED. DE BEAUMONT, gravés par BOILVIN. 2 vol. . . . . 35 fr.

FABLES DE LA FONTAINE, dessins d'É. ADAN. 2 vol. 40 fr.

LETTRES PERSANES, de Montesquieu, dessins d'ED. DE BEAUMONT, gravés par BOILVIN. 2 vol. . . . . 30 fr.

FABLES DE FLORIAN, dessins d'ÉMILE ADAN . . 20 fr.

WERTHER, de Gœthe, gravures de LALAUZE. . . . 20 fr.

LES QUINZE JOYES DE MARIAGE, 21 gravures de LALAUZE imprimées dans le texte. . . . . . . 30 fr.

MES PRISONS, dess. de BRAMTOT, gr. par TOUSSAINT. 20 fr.

LES CAQUETS DE L'ACCOUCHÉE, 14 gravures de LALAUZE imprimées dans le texte. . . . . . . 25 fr.

LE VICAIRE DE WAKEFIELD, gravures de LALAUZE. 2 vol. . . . . 25 fr.

LA NOUVELLE HÉLOÏSE, gravures d'HÉDOUIN hors texte, gravures de LALAUZE dans le texte. 6 vol. . . . 45 fr.

MÉMOIRES DE MADAME DE STAAL, 9 gravures hors texte et 31 gravures dans le texte, par LALAUZE. 2 vol. 50 fr.

www.ingramcontent.com/pod-product-compliance
Lightning Source LLC
Chambersburg PA
CBHW072112090426
42739CB00012B/2936